EICKERMANN/REITER · DIE WELT DES LICHTS

Frank Eickermann
Barbara Reiter

DIE WELT DES LICHTS

ACADEMIA VERLAG · SANKT AUGUSTIN
1991

Die Deutsche Bibliothek – CIP-Einheitsaufnahme

Eickermann, Frank:
Die Welt des Lichts / Frank Eickermann ; Barbara Reiter. –
1. Aufl. –Sankt Augustin : Academia-Verl., 1991
    ISBN 3-88345-620-9
    NE: Reiter, Barbara:

1. Auflage, 1991

© Academia Verlag, Sankt Augustin, 1991
Printed in Germany

Herstellung: Richarz Publikations-Service, Sankt Augustin

INHALT

TEIL I

VORWORT

Dieses Buch ist ein Geschenk an die Menschheit. Es wird die Geschichte des Lebens erzählt. Jeder, der es liest, wird sich erinnern an seine Heimat, die nicht von dieser Erde ist.

Wir alle wurden geboren durch die Liebe unseres Schöpfers. Jeder wird begleitet von seinem Licht, welches einzigartig ist, unverwechselbar, im Einklang mit der Schöpfung.

Es ist an der Zeit, daß die Menschen ihre wahre Natur erkennen und danach handeln. Damit diese Welt eine Welt der Liebe und des Verständnisses für einander wird.

KAPITEL 1

KINDER DES LICHTS

Der Mensch wurde geboren durch einen himmlischen Akt von Vater und Mutter Gott.

Es besitzt in sich die Fähigkeit, Welten zu erschaffen, so wie es ihm von seinen himmlischen Eltern bestimmt ist.
Lange Zeit hat der Mensch diese Fähigkeit vergessen.
Vergessen, daß seine wahre Natur göttlich ist.

Viele Menschen streben heute danach, sich selbst zu finden, sich selbst zu erkennen. Wenige kommen dahin, ihr ureigenstes Wesen zu entdecken und sich wieder anzuschließen an die Welt, die ihnen zu eigen ist.

Die Lichtkräfte, die zur Zeit auf die Erde einströmen, sind so stark, daß jeder, der bereit ist, seine Aufgabe zu erfüllen, von seinem Licht geleitet wird und dadurch das erfüllen kann, wozu er gekommen ist.

Viele Menschen verspüren in sich die Sehnsucht, nach Hause zurückzukehren, ohne zu wissen, wo dieses Zuhause wirklich ist. Diese Sehnsucht ist ein Ausdruck dafür, das Licht, das wir sind, erkennen und leben zu können.
In Wirklichkeit ist dieses Licht immer vorhanden. Und wenn wir lernen, mit den inneren Augen zu sehen, können wir dieses Licht erkennen.

Lange Zeit hat die Menschheit sich mit dieser Erde, der Materie und der Erforschung dieser Materie identifiziert.
Nun ist es an der Zeit, daß sie einen Schritt weitergeht und sich für das Licht, das hinter allen Erscheinungen steht, öffnet. Daß sie erkennt, daß ihre wahre Natur Licht ist, das der Schöpfer durch sie manifestieren will.

Dieses Licht, das jedem Menschen zu eigen ist, ist von einer solchen Schönheit, die sich mit nichts vergleichen läßt, was auf dieser Welt zu finden ist.
Jedes Verlangen nach weltlichen Dingen, nach Besitztümern, nach Wohlstand wird gestillt, wenn der Mensch dieses Licht gesehen hat.
Jeder, der dieses Licht sieht, wird niemals mehr an sich selbst zweifeln.

Und doch sind es nur wenige, die bereit sind, den Weg zu gehen, um dieses Licht zu finden.
Die Verstrickungen mit der Materie und mit dem, was die Menschen bisher als Glück erfahren haben, sind für die meisten Menschen so groß, daß sie in sich die Sehnsucht nach dem Licht, das sie sind, nicht mehr spüren.

Diese Menschen müssen erst durch sehr viele Prüfungen gehen, gereinigt werden, bis sie dahin kommen, nach innen zu gehen.

Die Welt der Illusionen hält viele Dinge bereit, viele Verlockungen, Vieles, das nach außen hin begehrenswert erscheint.
Um dieser Welt der Illusionen nicht zu erliegen, ist es notwendig, sein Unterscheidungsvermögen zu schulen.
In vergangenen Zeiten war es nur Wenigen bestimmt, sich aus der Welt der Illusionen zu erheben.
Heute ist es vielen Menschen möglich, den Weg zu gehen und zu erkennen, wer sie wirklich sind. Jeder, der bereit ist, diesen Weg zu gehen, wird zu den Menschen geführt, die ihm dabei helfen können.
Die Mysterienschulen von früher sind für alle die zugänglich geworden, die sich von ihrem Licht leiten lassen wollen.

Vielen Menschen ist es nicht bewußt, daß es eine große Gnade ist, in dieser Zeit geboren zu sein und die Zeitenwende zu erleben.
Die Schatten der Vergangenheit erlauben es Einigen noch nicht, sich für ihr Licht völlig zu öffnen. Die Erinnerung an vergangene Zeitalter und den Untergang dieser Zeitalter, die Schrecken, die damit verbunden waren, beeinflussen das Bewußtsein von Vielen, die heute leben.
Doch es ist an der Zeit, mit der Vergangenheit Frieden zu schließen und sich ganz für das Jetzt zu öffnen.

Das Licht, das auf die Erde kommen will, ist so strahlend und schön, daß es alle Schatten, alle Schmerzen, die mit der Vergangenheit verbunden sind, auflösen wird. Vieles von dem, was sich heute nur wenige vorstellen können, wird Wirklichkeit werden.

Das Paradies, nach dem sich so viele Menschen sehnen, wird nicht dadurch erreicht, daß die Menschen ihre sterbliche Hülle hinter sich lassen.
Das Paradies ist ein Bewußtseinszustand, der in dem Zeitalter, das jetzt beginnt, für viele erreicht werden kann. Mit diesem Bewußtseinszustand wird eine unendliche Freiheit und ein Licht auf diese Erde kommen, wovon viele geträumt haben.

Alle diejenigen, die bereit sind, dieses Licht in sich zuzulassen, werden in Gruppen zusammengeführt werden, um ihre Aufgabe, für die sie diesmal hier sind, gemeinsam zu erfüllen.
Es wird verschiedene Gruppen geben, die jede auf ihre eigene Art und Weise dem Licht dient.
Jede dieser Gruppen muß erkennen und lernen, daß sie ein Teil des Ganzen ist und daß es darum geht, eine bestimmte Lichtqualität zu manifestieren.

In der Vergangenheit haben sich Mitglieder verschiedener Gruppen bekämpft, weil sie nicht erkannt hatten, daß sie alle ein Teil der Schöpfung sind. Jeder Einzelne mit seiner Daseinsberechtigung und seinem Auftrag. Es ist an der Zeit, daß jede Gruppe ihren Weg geht, und bereit ist, zu dienen.

Jeder Mensch ist ein Kind des Lichts!

Dieses ihm ureigene Licht strahlt von einer solchen unbeschreiblichen Schönheit, daß, wenn jeder es zuläßt, die Erde erstrahlen wird. Und die Erde ihren Platz als strahlendes Licht im Universum einnehmen kann.

Die Zeiten der Finsternis sind vorüber!

Und alles, was sich diesem Licht entgegenstellen will und an den Zeiten der Finsternis festhält, wird von diesem Licht vernichtet werden.

Die Menschen haben sich in den vergangenen Zeiten tief mit den Mächten der Dunkelheit, den Mächten der Zerstörung und des Hasses verstrickt. Die Früchte aus dieser Verstrickung sind immer noch auf dieser Erde zu finden.
Es ist an der Zeit, daß die Erde von dem Tun der Menschen, die sich mit diesen Mächten verstrickt haben, gereinigt wird.

Das Licht, das in der kommenden Zeit auf die Erde einstrahlt, macht es den Menschen möglich, sich von diesen alten Verstrickungen zu reinigen und eine neue Entscheidung zu treffen. Die Menschen haben jetzt die Möglichkeit, sich für das Licht, das sie sind, das göttliche Licht, zu entscheiden. Immer mehr Menschen werden sich dieser Entscheidung bewußt und sind freudig bereit, den Weg des Lichts zu gehen.

Jeder Mensch ist ein Kind des Lichts und das göttliche Licht strahlt in ihm.

In den Menschen, die sich mit den Kräften der Dunkelheit tiefer verstrickt haben, ist dieses göttliche Licht als Funke vorhanden. Wenn sie bereit sind, den Weg des Lichts zu beschreiten, wird dieser göttliche Funke entfacht werden und das Licht in ihm wird alle Schatten, alle dunklen Schlacken der Vergangenheit reinigen, so daß auch diese Menschen sich als Kinder des Lichts erkennen werden.

Doch alle die, die nicht bereit sind, den Weg des Lichts zu gehen und sich für das Licht, das sich auf dieser Erde manifestieren will, zu öffnen, werden durch ihr ureigenstes Licht in ihren Strukturen zerstört werden. So daß sie auf anderen Ebenen erneut die Chance bekommen, zu lernen und weiterzugehen auf dem Weg, der ihnen bestimmt ist.

Die Inkarnationen der göttlichen Liebe, die sich zur Zeit auf der Erde befinden, werden ein solch strahlendes Licht und eine unendliche göttliche Liebe und Gnade ausstrahlen, daß sie es den Menschen ermöglichen werden, sich ganz für das Licht, das in ihnen wohnt, zu öffnen. Und die Verantwortung für ihr Leben zu übernehmen.

Die Kinder des Lichts werden in sich die Stimme vernehmen, sich mit ihrer Lichtfamilie zu vereinigen. Diese Stimme wird so deutlich sein, daß sie den Ruf nicht überhören können.

Jede dieser Lichtfamilien hat eine ihr ureigene Lichtqualität, die sie von den anderen Lichtfamilien unterscheidet. Dieses Licht bedeutet für die Kinder des Lichts, die zu der Lichtfamilie gehören, eine unendliche Geborgenheit, Einssein mit dem Schöpfer.
Die Verbindungen der Mitglieder einer Lichtfamilie sind so stark, und von einer solchen Liebe und Schönheit, daß sie durch nichts getrennt werden können.

Kinder des Lichtes

So wie die Farben des Regenbogens sich in einer Harmonie und Schönheit zu einem vollendeten Ganzen ergänzen, harmonisieren die Lichter der verschiedenen Lichtfamilien miteinander und verschmelzen zum Urlicht - zu dem Licht, das immer war und immer sein wird, unberührt vom Wandel der Zeiten.

Keiner, der die Welt des Lichts entdeckt hat, wird länger von der Welt der Illusionen in ihrem Bann gehalten. In ihm erwächst eine solche Klarheit, daß er mit dieser Welt der Illusionen spielen kann, sie erleuchten und seine Schöpferkraft frei und ungebunden zum Ausdruck bringen kann.

Jeder Mensch trägt in sich die Verantwortung und die Fähigkeit, Welten zu erschaffen und wieder aufzulösen.

Nur wenige Menschen sind zur Zeit bereit, diese Verantwortung voll und ganz anzunehmen, und sich ihrer göttlichen Kraft, dem ICH BIN, das in jedem Menschen wohnt, völlig anheimzugeben.

Doch die Zeit ruft!

Die Mitglieder einer Lichtfamilie, die schon erwacht sind, werden alle anderen Mitglieder dahin führen und unterstützen, daß auch sie erwachen, damit sie gemeinsam ihre Aufgabe erfüllen können. Sie werden nicht eher ruhen, bis sich ihre Lichtgeschwister aus ihren Verstrickungen erheben und sich mit ihnen gemeinsam für den Dienst am Leben und die gemeinsame Aufgabe voller Freude und Dankbarkeit zur Verfügung stellen.

Zur Zeit warten viele Lichtkräfte, auch die, die nicht inkarniert sind, darauf, daß sie um Hilfe und Unterstützung angerufen werden. Wenn die Menschen erkennen könnten, welche Liebe und Unterstützung für sie bereitgehalten werden, würden sie nicht länger zögern, diese Hilfe zu erbitten und sie anzunehmen. Jedem ist die Entscheidung überlassen, sich für dieses Licht, das in ihm ist, zu öffnen und dann in voller Verantwortung für dieses Licht und die Kraft, die es für ihn bedeutet, sein Leben zu leben.

Die Zeiten der Isolation sind vorüber!

Jedes Kind des Lichts wird die Wunder, die die Welt des Lichts für es bereithält, entdecken. Viele spüren in sich die Sehnsucht nach diesem Licht, und erahnen, welche Fülle sich für sie auftun wird.

Einige erwachen in den frühen Morgenstunden mit einem Schimmer dieses Lichts, das sie begleiten wird in ihrem Tag.
In der Nacht, wenn die Körper ruhen, vereinigen sich viele mit ihrer Lichtfamilie.

Doch es ist an der Zeit, daß die Kinder des Lichts sich mit ihrem Bewußtsein erheben. Daß sie in ihren Persönlichkeiten, die sie diesmal auf der Erde angenommen haben, diese Lichtqualität mehr und mehr erkennen und zulassen. So daß sich ihr Tun auf dieser Erde vervollkommnen wird. Und sie ihren Mitmenschen dabei helfen können, sich selbst zu finden. Daß sie der Erde helfen können, sich zu reinigen und zu vergeistigen.

Diese Erde, auf der wir leben, benötigt zur Zeit so viel Unterstützung, Liebe und Aufmerksamkeit, daß alle Kinder des Lichts aufgerufen sind, dieser Aufgabe nachzukommen.

Die Zeiten der Dunkelheit haben ihre Spuren hinterlassen.
Die Ausbeutung der Erde durch die Menschen hat ihre Spuren hinterlassen. Damit diese Erde ihre Aufgabe als strahlendes Licht im Kosmos erfüllen kann, ist es notwendig, daß diese Spuren beseitigt werden.

Lange Zeit wurde die Erde mit der Materie und der Dichtheit der Materie identifiziert. Die Menschen haben nicht erkannt, daß die Erde ein geistiges Wesen ist, so wie sie selbst geistige Wesen sind - geschaffen von Vater und Mutter Gott.

Die Strukturen, die die Menschheit in vergangenen Zeiten durch ihre Ignoranz geschaffen hat und die das Licht dieser Erde verdunkeln, müssen aufgelöst werden.
Die Menschen müssen erkennen, daß sie in sich die Kraft haben, eine neue Welt zu erschaffen, eine Welt des Lichts, eine Welt der Liebe. Nur wenn sie sich voller Demut dieser Kraft öffnen, wird die Erde geheilt werden. Und die meisten Menschen, die auf dieser Erde leben, werden geheilt werden.
Sie werden neue Formen des Lebens miteinander und füreinander entdecken.
Es werden Gemeinschaften entstehen, die die Welt des Lichts in sich verwirklicht haben und dadurch in der Lage sind, diese Welt des Lichts auf der Erde zu leben.

Die Lichtfamilien, die in der Welt des Lichts vereinigt sind, werden sich auf dieser Erde wiederfinden. Und sie werden auch hier auf dieser Erde zusammenleben.
Wenn dies geschieht, wird ein unendliches Potential des göttlichen Lichts und der Liebe freigesetzt.

Diese Lichtfamilien werden Beispiel sein für die Menschen, die noch nicht erwacht sind.
Es werden Wunder und Heilungen geschehen.
Die Gedanken, die diese Kinder des Lichts in sich verspüren, werden sich in kürzester Zeit manifestieren. Der Geist der Materie wartet nur darauf, von den Kindern des Lichts benutzt zu werden. Diese Materie wird dankbar jedem geistigen Befehl, jedem Auftrag folgen. So daß die Gesetze der Materie, die heute bekannt sind, aufgehoben werden durch die Gesetze des Geistes.

Das, was die Menschen aus der Geschichte von Jesus Christus erfahren haben, wird auf dieser Erde Wirklichkeit werden.
Jeder, der bereit ist, Christus in sich zuzulassen, und sich der bedingungslosen Liebe des ICH BIN zur Verfügung zu stellen wird erwachen.

Es werden Lichtzentren auf dieser Erde entstehen, die als Orte der Heilung von vielen Menschen aufgesucht werden.
In diesen Lichtzentren werden Belehrungen für alle die gegeben, die sich auf den Weg gemacht haben und bereit sind, zu dienen. In diesen Lichtzentren wird eine Einheit bestehen zwischen der geistigen Welt und der Welt dieser Erde.

Den Menschen, die dorthin kommen, wird die Möglichkeit gegeben, eine Zeitlang in diesen Lichtzentren zu leben, belehrt zu werden und aufzutanken. Um dann mit neuen Erkenntnissen zurückzugehen an ihre eigenen Plätze und ihre Aufgabe zu erfüllen. Auf diese Art und Weise wird sich das Licht mehr und mehr ausbreiten. So daß nach und nach alle Schatten der Vergangenheit aufgelöst werden und die Erde in ihrem eigenen Licht erstrahlen wird.

Das Schicksal des Einzelnen ist untrennbar mit dem Schicksal der Erde verbunden.

Jeder, der bisher geglaubt hat, sein Leben unabhängig von allen anderen leben zu können, wird erkennen, daß er verbunden ist mit allem, was lebt.
Diese Erkenntnis beinhaltet die Verantwortung für jeden Gedanken, jedes Wort, jede Handlung, für jedes Verhalten, das der Mensch in sich zuläßt.

Die Schöpferkraft, die in jedem Menschen wohnt, ist so gewaltig, daß viele Menschen Angst haben, diese Kraft in sich zuzulassen.
Diese Menschen lassen sich von den Erfahrungen der Vergangenheit leiten, von den Erfahrungen, daß sie diese Kraft mißbraucht haben.
Doch diese Menschen werden erkennen, daß dieser sogenannte Mißbrauch der Schöpferkraft ein notwendiger Schritt auf ihrem Weg zur Vollkommenheit war. Daß sie so gelernt haben, mit dieser Kraft umzugehen.

Jeder, der voller Demut und Hingabe bereit ist, diese Schöpferkraft zu benutzen, wird von seinem ureigenen Licht geleitet werden. Und er wird diese Schöpferkraft im Einklang mit dem Universum einsetzen.

Jeder, der bereit ist, diesen Weg zu gehen, sollte jeden Abend, bevor er schlafen geht, in sich die Bitte formulieren, daß er nachts, wenn sein Körper schläft, belehrt und gereinigt wird. Und daß er sich mit seinem ureigenen Licht vereinigt.
Jeder, der in sich wirklich diese Bitte formuliert und bereit ist, alle Konsequenzen, die dies nach sich ziehen wird, zu tragen, wird von seinen geistigen Führern dorthin geführt, wo dies geschehen kann.
Auf diese Art und Weise wird sich das Bewußtsein erweitern und die Erkenntnisse werden tagsüber in das Alltagsbewußtsein einfließen können.

Die Welt des Lichts wartet nur darauf, entdeckt und gelebt zu werden. Sie ist immer da - für jeden zugänglich, der reinen Herzens ist.

Dieses Licht ist von einer unbeschreiblichen Güte und Wärme und beinhaltet jede Qualität, die sich der Mensch vorstellen kann.
Dieses Licht ist grenzenlos - jenseits aller Strukturen.

KAPITEL 2

DER MENSCH UND DIE SCHÖPFUNG

Als die Erde von Vater und Mutter Gott erschaffen wurde, war der Mensch als ein Teil des göttlichen Plans in der Schöpfung enthalten.

Der Mensch wurde geschaffen als ein Abbild von Vater und Mutter Gott. Er trägt in sich den Auftrag, diese Erde und alles, was auf dieser Erde lebt, zu vergeistigen und die Erde zu ihrer wahren Bestimmung als göttliches Licht zu führen.

In den Zeiten, als die Menschen zum ersten Mal auf diese Erde kamen, wurden sie mit einer Schwingungsebene konfrontiert, die nicht ihrem ureigenen Licht entsprach.
Den meisten Menschen bereitete es große Schwierigkeiten mit dieser Schwingungsebene zu harmonisieren und zu erkennen, daß ein Teil ihrer Aufgabe darin bestand, diese Schwingungsebenen zu erleuchten und das Wissen, das sie mit auf diese Erde brachten, weiterzugeben.

Zu Beginn war ihnen ihr göttlicher Auftrag noch bewußt. Doch nach und nach verblaßte die Erinnerung an die Welt des Lichts, die sie mit sich trugen.

Die meisten Menschen identifizierten sich mit der dichteren Schwingungsebene, mit dem Körper, den sie hier auf der Erde annehmen mußten, um in dieser Schwingung zu existieren. In ihnen entstand ein Gefühl des Getrenntseins und der Isolation von dem Licht und der Welt des Lichts.

Und doch gab es immer einige unter ihnen, die sich des Lichts und der Welt des Lichts voll bewußt waren.

Diese Menschen hatten die Aufgabe, die anderen Menschen zu führen und sie immer wieder an das Licht zu erinnern.

Sie errichteten Tempel, Stätten des Lichts und der Weisheit, wo allen Menschen, die dorthin kamen, das Wissen um ihr ureigenes Selbst vermittelt wurde. Die Menschen wurden wieder angeschlossen an die höheren Schwingungsebenen. Sie erkannten, wer sie wirklich waren, warum sie hier auf dieser Erde waren und konnten gestärkt mit den neuen Energien ihren Aufgaben nachgehen.

Doch es wurden immer mehr Menschen, die sich tief mit den dichteren Schwingungsebenen verstrickten, die sich ein sogenanntes niederes Selbst erschufen, die nicht mehr in sich den Wunsch verspürten, die Welt des Lichts und das Licht in ihnen wahrzunehmen und zu leben.

Im Laufe der Zeiten kam es so zu einer Spaltung zwischen den Menschen, die sich des Lichts bewußt waren, und den Menschen, die sich mit der Materie identifizierten.

Durch die Schöpferkraft, die in allen Menschen mehr oder weniger bewußt ist, war es den Menschen möglich, ihre Welt zu erschaffen. All das, was die Menschen bereit waren zu leben, wurde Wirklichkeit auf dieser Erde.

Durch die Verstrickungen der Menschen mit den niederen Schwingungsebenen wurden die Gefühle geschaffen.
Die Mächte der Dunkelheit, der Finsternis, des Hasses, des Egoismus wurden so durch diese Menschen auf der Welt geboren.
Die Menschen benutzten ihre Schöpferkraft, um diesen Mächten ihre Unterstützung zu geben. Sie vergaßen im Laufe der Zeiten, daß sie es waren, die die Mächte der Dunkelheit erschaffen hatten. Die Identifikation mit diesen Mächten wurde immer größer, so daß es den Anschein hatte, daß diese Mächte wirklich existieren.
Dadurch wurde es für die Menschen und alle Kinder des Lichts in den nachfolgenden Zeiten immer schwieriger, sich an ihr wahres Selbst, an die Welt des Lichts wieder anzuschließen.

Doch nun ist es an der Zeit, daß die Menschen sich ihrer Schöpferkraft und ihres göttlichen Auftrags bewußt werden. Daß sie bereit sind mit Hilfe ihres Lichts und den Lichtkräften, die ihnen von außen zur Verfügung stehen, der Erde dabei zu helfen, ihre wahre Natur zu entdecken und zu leben.

Die Menschen haben die Möglichkeit, die Fehler der Vergangenheit wieder gutzumachen.

Die Macht des Geistes wurde bisher von nur wenigen Menschen erkannt und gelebt.

Viele Menschen haben die Macht des Geistes mit der Macht des Verstandes verwechselt. Sie übersehen, daß der Verstand eine Schöpfung des Menschen ist, die er als Handwerkszeug benutzen kann, um den göttlichen Willen zu manifestieren.

Der Verstand ist ein wunderbares Werkzeug, um all die Ideen, die das höhere Selbst, die göttliche Kraft durch die Menschen auf diese Erde bringen will, in einer wunderbaren Weise zu manifestieren. Der Mensch in der heutigen Zeit muß lernen, den Verstand in dieser Art und Weise zu benutzen.

Dazu ist es notwendig, daß die Programmierungen, die die Menschen dem Verstand in vergangenen Zeiten mitgegeben haben, aufgelöst werden. So daß der Verstand als Diener des Lichts, als ein Instrument benutzt werden kann.

In jedem Menschen befindet sich eine Instanz, die wie eine riesige Datenbank alles gespeichert hat, was der Mensch jemals erfahren und erlebt hat. Alles Wissen, jede Erinnerung ist dort gespeichert und kann von dem Menschen, der sich von seinen alten Programmen, von seinen karmischen Strukturen befreit und gereinigt hat, abgerufen werden.

Das Wissen, das auf diese Art und Weise auf die Erde kommen wird, ist so gewaltig und wird eine große Transformation nach sich ziehen.

Vieles von dem, was die Menschen heute noch für unmöglich halten, wird Wirklichkeit werden.

Dieses Wissen wartet nur darauf, abgerufen zu werden, und daß die Menschen eine neue Welt, eine Welt des Lichts und der Liebe erschaffen können.

Der Mensch und die Schöpfung

Auf diese Art und Weise werden neue Techniken geboren, die das Leben auf der Erde menschlicher werden lassen.
Die Medizin wird eine große Erneuerung, eine Revolution erfahren. Die Strukturen, die zur Zeit noch auf der Erde gelebt werden: die Industrie, die Ausbeutung der Erde, die Ignoranz, die damit verbunden ist, werden sich auflösen. Sie werden abgelöst durch neue Verfahren, die im Einklang sind mit dem Kosmos.

Sobald das Wissen um eine bessere Welt, um die Welt des Lichts auf diese Erde gekommen ist, werden die Transformationen möglich sein, auf die die Menschen schon so lange warten.
Dieses Wissen und die Manifestation des Wissens auf der Erde wird alles Vergangene ablösen.

Die Kinder, die heute geboren werden, werden eine Welt des Lichts erfahren. Diese Kinder des Lichts werden die Liebe und das Licht, das sie mitbringen, leben können - frei und ungehindert durch die Strukturen der Vergangenheit.

Die Menschen von heute sollten ihre Visionen von einer besseren Welt, von all dem, was sie sich erträumen, ernst nehmen. Jeder, der diese Visionen in sich schauen wird, sollte sich gewiß sein, daß sie sich manifestieren werden.

Die Macht des Geistes ist unendlich groß.

Jeder Gedanke, der im Einklang mit dem göttlichen Licht und der Liebe gedacht wird, jedes Bild, das in dieser Schwingung gesehen wird, wird sich manifestieren.

Der Glaube an die eigene Schöpferkraft kann Berge versetzen.
Der Mensch als göttliches Wesen wird erwachen.
Es wird die Zeit kommen, wo es keine Mächte der Dunkelheit und
der Finsternis mehr geben wird.

Der Mensch sollte sich die Erde untertan machen. Das bedeutet,
daß er das göttliche Licht, die göttliche Energie, die er ist, auf diese
Erde bringen soll. Und damit das Licht, das tief verborgen in dieser
Erde schlummert, verstärkt. Auf daß die Erde ihren Platz im
Kosmos als Lichtwesen einnehmen und die Aufgabe, die damit
verbunden ist, erfüllen kann.
Die Lichtwesen, die sich in Form der anderen Planeten in diesem
Universum manifestiert haben, warten nur darauf, daß dies endlich
geschieht.

Diese Erde, die für die Menschen ein Lernfeld bedeutet, in dem sie
die einmalige Gelegenheit haben, ihre Schöpferkraft zu entwickeln
und ihren Weg des Lichts weiterzugehen, stellt ein Geschenk des
Schöpfers an die Menschen dar.
Wenn sich die Menschen dieses Geschenks bewußt werden und der
Gnade, die es für sie bedeutet, werden sie voller Demut und
Dankbarkeit das Leben auf dieser Erde leben. Diese Dankbarkeit
wird in ihnen das Verständnis für diese Erde, für die Mutter Erde,
die sie nährt und liebt, erwachen lassen.
Die Menschen werden im Einklang mit den Gesetzen der Erde
leben und dankbar die Früchte, die die Erde ihnen schenken will,
annehmen.

Die Lichtwesen, die auf der Erde leben und die mit den Naturkräften verbunden sind, warten nur darauf, von den Menschen erkannt zu werden. Sie warten nur darauf, daß die Menschen mit ihnen zusammenarbeiten.

Die Erde ist in der Lage, alle Menschen, die inkarniert sind, zu nähren. Niemand, der auf dieser Erde lebt, müßte Hunger erleiden oder Zustände der Armseligkeit erleben.
Wenn die Menschen dahin kommen, mit den Lichtwesen und Lichtkräften der Erde zusammenzuarbeiten, und die Hilfe und Unterstützung dieser Lichtwesen demütig anzunehmen, wird es keinen Hunger und kein Leid auf dieser Erde mehr geben.

Die Hungerzustände, die Katastrophen der Vergangenheit waren Produkte der menschlichen Schöpfung. Sie mußten entstehen, sie mußten stattfinden, weil der Mensch den Gesetzen der Erde zuwider handelte.
Wenn die Menschen es wieder lernen, im Einklang mit den Gesetzen der Erde zu handeln und die Früchte der Erde zu ernten, werden diese Hungerperioden und Katastrophen überflüssig werden.
In dem Maße wie sich die Menschen für das Licht dieser Erde und die Schönheit dieser Erde öffnen, wird die Erde dem Menschen ihre Geheimnisse anvertrauen und ihn reich beschenken.

Doch wenn die Menschen nicht lernen, umzudenken und sich für die Welt des Lichts zu öffnen, werden erneute Katastrophen die Menschen heimsuchen.

Auf diese Art und Weise wird sich die Erde von den Verletzungen und Ausbeutungen, die ihr durch die Menschen beschieden wurden, reinigen.

Das Schicksal dieser Erde liegt in den Händen der Menschen und in der Entscheidung, die die Menschen für ihre nähere Zukunft treffen werden.
Je mehr Menschen erwachen und das Licht, das sie sind, leben werden, um so größer ist die Chance, daß die Erde auf eine andere Art und Weise transformiert werden kann, als es durch Katastrophen jeglicher Art möglich ist.

Das Erwachen der Menschheit wird das Erwachen der Naturgeister und Lichtwesen, die für das Wohlergehen dieser Erde zuständig sind, nach sich ziehen. Diese Lichtwesenheiten warten nur darauf, daß die Menschen diesen Schritt vollziehen.

Noch ist es Zeit zur Umkehr!

Die Veränderungen, die sich zur Zeit in der Atmosphäre der Erde vollziehen, sind so gewaltig, daß es nicht mehr lange dauern wird, daß die Menschen diese Veränderungen in sich vollziehen können. Die geistigen Führer der Menschen strahlen ein solches Licht aus und schütten ihr gesamtes Wissen über die Menschheit aus, damit sie erwachen, und sie die Zeitenwende, die bevorsteht, im Einklang mit den Gesetzen des Kosmos vollziehen kann.

Den Kräften der Finsternis und der Dunkelheit wird jegliche Macht entzogen werden.

Das Wissen um das göttliche Licht, das sich auf dieser Erde manifestieren wird, wird es den Mächten der Finsternis nicht länger erlauben, die Menschen in ihren Bann zu ziehen.

Wenn die Menschen bereit sind, sich der Reinigung zu unterziehen, die notwendig ist, damit sie das Licht manifestieren, werden sie alle Unterstützung bekommen, die sie benötigen.

Es gibt nichts, vor dem sich die Menschen fürchten müssen.
Alles ist in der Hand des Schöpfers.
Und wenn sie sich Ihm demütig und voller Hingabe anvertrauen, werden sie geführt werden durch alles Chaos, alle Dunkelheit, die sie sich selbst geschaffen haben.
Das Vertrauen in die Kräfte des Lichts wird die Ängste vor den Mächten der Dunkelheit auflösen.

Es gibt nichts, für das sich die Kinder des Lichts schämen müßten.
Alle Fehler der Vergangenheit sind ihnen verziehen von der bedingungslosen Güte und Gnade von Vater und Mutter Gott.
Die Menschen müssen lernen, sich selbst zu vergeben und um Vergebung zu bitten für alle Fehler der Vergangenheit, für die Ignoranz, für alles Leid, das sie anderen und sich selbst zugefügt haben. Die Kraft der Vergebung und die göttliche Gnade werden es den Menschen ermöglichen, die Lichtenergien des neuen Zeitalters zu verwirklichen.

Die Menschen müssen wieder lernen, zu beten.
Die Kraft des Gebets ist so gewaltig und alles, was reinen Herzens erbeten wird, wird in Erfüllung gehen.

Durch die Strukturen der Kirchen, die sich in der Vergangenheit auf der Erde manifestiert haben, haben die Menschen verlernt, reinen Herzens zu beten.

Doch es ist an der Zeit, daß der Geist der Erneuerung diese Kirchen erleuchten wird, auf daß sie erneut Tempel des Lichts und der göttlichen Liebe werden. Die Kirchen, die von sich selbst behaupten, den Geist Gottes zu leben, müssen erkennen, daß sie erneuerungsbedürftig sind.

Wenn die Oberhäupter der Kirchen sich für das göttliche Licht und die Liebe öffnen und sich für den Geist des neuen Zeitalters öffnen, werden sie geführt werden, so daß die Kirchen wieder Zentren des Lichts werden.

Die Einheit der Weltreligionen wird sich auf dieser Erde manifestieren. Alle, die nicht bereit sind, mit dazu beizutragen, müssen gehen und Platz machen für diejenigen, die bereit sind, die Einheit der Weltreligionen zu manifestieren.

Es gibt nur eine Religion - die Religion der bedingungslosen Liebe, die alle Menschen als Kinder des Lichts vereint; die sie lehrt in Liebe und Harmonie miteinander und mit der Erde umzugehen; die sie lehrt, im Einklang mit der Erde, im Einklang mit dem Kosmos und in Frieden und Harmonie mit allen Nationen, die zur Zeit verkörpert sind, zu leben.

Von dem Avatar der heutigen Zeit wird ein solch strahlendes Licht und eine unendliche Güte und Liebe ausgestrahlt, die es den Menschen ermöglichen wird, all dies zu manifestieren.

All die Menschen, die die Gnade erfahren dürfen, dem Avatar der heutigen Zeit zu begegnen, werden die Möglichkeit erhalten, ein neues Leben zu führen. Jeder, der bereit ist, dem einen Leben zu dienen, wird zu Ihm geführt und belehrt werden.
Nichts wird unmöglich sein für die Menschen, die sich für den Avatar der heutigen Zeit öffnen werden.

Der Avatar der heutigen Zeit verströmt seine Liebe auf die Menschen, die zu ihm geführt werden. Er verströmt seine Liebe auf alle Menschen dieser Welt, auf daß die Menschen ihre wahre Natur erkennen und in Frieden und Harmonie miteinander leben.

Die Zeiten der Finsternis sind vorüber!

Mit dem Licht, das der Avatar der heutigen Zeit auf diese Erde bringt, wird das Neue Zeitalter, das jetzt beginnt, geboren.
Die Morgenröte der neuen Welt, der Welt des Lichts ist schon sichtbar geworden. Alles ist bereit für den Wandel, der stattfinden soll.

Voller Freude und Dankbarkeit werden die Kinder des Lichts diesen Wandel begrüßen und sich ganz für die neuen Energien, die auf die Erde einströmen, öffnen.
Die Schöpfung wird belebt werden, bereichert durch die himmlische Kraft und Liebe, die dann auf diese Erde kommen wird.

Alle, die bereit sind, zu dienen, werden ihre Aufgabe erkennen und sie gestärkt, voller Freude und in Harmonie mit dem Ganzen erfüllen können.

Die Transformation dieser Erde, auf die die Menschen und alle Wesenheiten, die auf dieser Erde verkörpert sind, schon so lange gewartet haben, wird stattfinden.

Es liegt an der Entscheidung der Menschen, auf welche Art und Weise diese Transformation stattfinden wird.

Keiner, der wirklich bereit ist, dem Licht und dem Einen Leben zu dienen, wird untergehen.

Keiner, der sich der Stimme seines höheren Selbst anvertraut, wird untergehen.

Keiner, der seine wahre Natur erkennt und bereit ist, danach zu handeln, wird untergehen.

Wohl denen, die bereit sind, sich ihrem Potential und ihrer Kraft zu stellen. Es gibt keine Entschuldigung dafür, sich seiner göttlichen Kraft, seinem Potential zu verweigern.

Vieles, was in der Vergangenheit noch nicht möglich war, wird in der heutigen Zeit Wirklichkeit werden. Die Unterstützung, die die Menschen für ihren geistigen Weg bekommen, ist gewaltig.

Jeder, der wirklich bereit ist, sich zu öffnen, wird in seiner Wahrnehmungsfähigkeit geschult werden. Auf daß er die feineren Ebenen seines Selbst erkennen kann.

Viele Menschen erinnern sich zur Zeit an ihre Vergangenheit, an all das, was sie in vergangenen Zeiten gelebt und erfahren haben. Manchen Menschen machen diese Erinnerungen Angst und sie haben noch nicht gelernt, damit umzugehen. Doch wenn sie sich vertrauensvoll für ihr Licht, das sie sind, öffnen, werden sie zu den Menschen geführt, die ihnen dabei helfen können, mit ihren

Erinnerungen umzugehen. Diese Menschen werden ihnen helfen, ihre Wahrnehmung zu schulen. Sie werden ihnen helfen, sich von den Verstrickungen und Programmierungen der Vergangenheit zu befreien. So daß ihr Potential frei und ungehindert durch sie hindurchfließen kann.

Die Menschen, die Kinder des Lichts, die schon erwacht sind, warten nur darauf, daß die Menschen, die noch nicht erwacht sind, zu ihnen kommen und ihre Hilfe erbitten.

Nichts ist unmöglich in der heutigen Zeit. Immer mehr Menschen entdecken in sich die Möglichkeit, ihr Leben zu verändern, die Verantwortung für ihr Leben zu übernehmen. Und sich zu befreien von den Strukturen, die zur Zeit noch gelebt werden.

Die Menschen erkennen, daß sie auf ihre eigene Wahrnehmung vertrauen müssen, daß sie nicht länger abhängig sind von sogenannten Kapazitäten und den Menschen, die das Wissen und diese Erde für sich gepachtet zu haben scheinen, von den Medien, von den Priestern, von all denen, die sich in Stellungen befinden, in denen sie Menschen beeinflussen können.
Das Wissen, das durch die Medien, die zur Zeit auf dieser Erde sind, an die Menschen herangetragen wird, ist in den meisten Fällen verfälscht und hat nichts mit der eigentlichen Welt, der Welt des Lichts zu tun.
Die Menschen müssen erkennen, daß sie nicht länger abhängig sind von diesen Strukturen und dieser Art, mit der Erde und der Materie umzugehen.

Die Medien wie das Fernsehen und die Presse haben gute Dienste geleistet, um die Menschen aus ihren eingefahrenen Lebensweisen wachzurütteln. Doch das, wozu diese Medien eigentlich geschaffen waren, wurde im Laufe der Zeit nicht von ihnen vermittelt.
Es ist an der Zeit, daß diese Medien durch neue Medien abgelöst werden. Die Zeiten der Manipulation sind vorüber.

Wenn die Menschen ihre Aufmerksamkeit von der Außenwelt auf ihre Innenwelt richten, wird vieles für sie verständlich werden, was in ihrem Leben passiert, was in dieser Welt passiert, und was sie bisher nicht einordnen konnten.

In dem Maße wie sie die Gesetze des Geistes erkennen und leben werden, werden ihnen auch die Gesetze der Materie, die Gesetze dieser Erde verständlich.
In dem Maße wie sie sich willig den Gesetzen des Geistes unterwerfen und diese als ihre ureigensten Gesetzmäßigkeiten anerkennen, werden viele der einengenden Strukturen, die zur Zeit noch diese Erde beherrschen, überflüssig werden.

Die Gesetze, die der Mensch sich auf der Erde geschaffen hat, werden überflüssig werden. Sie werden abgelöst durch die Gesetze des Kosmos.

Alle Menschen, die erwachen und bereit sind, ihr ureigenstes Licht zu leben, werden die Gesetze der Erde, die der Mensch geschaffen hat, nicht mehr benötigen.
Sie sind sich bewußt, daß alles, was sie selbst leben, jeder Gedanke, jedes Wort, jede Handlung Konsequenzen nach sich ziehen wird.

Alles, was sie bisher geschaffen haben, wird Früchte tragen.

Das Leben der Gegenwart wird das Leben der Zukunft bestimmen.

Jeder, der das Gesetz von Ursache und Wirkung für sich erkannt hat, wird sich eine neue Welt erschaffen, eine Welt des Lichts, eine Welt der Liebe und Harmonie.

Es wird nicht mehr notwendig sein, andere für das eigene Leben verantwortlich zu machen und für die Dinge, die einem selbst passieren, anzuklagen. Der Mensch wird in eine Verantwortung hineinwachsen, die sein Leben entscheidend verändern wird.

Die Menschen müssen dahin kommen, ihr Schöpferprinzip zu erkennen und anzuwenden.

Es wird immer wieder Stimmen geben, die dieses Schöpferprinzip verleugnen wollen und die an den alten Strukturen, die ihnen so wohl bekannt sind und mit denen sie gelernt haben umzugehen, festhalten wollen.

Doch in dem Maße wie sich der Mensch für sein Licht öffnen wird, werden diese Stimmen weniger werden. Der Mensch wird erkennen, daß er immer nur dann mit diesen Stimmen konfrontiert wird, wenn er sich seinen Zweifeln hingibt.

Alles, was uns im Außen begegnet, jede Erfahrung sind Projektionen der eigenen inneren Welt.

Jeder, der das erkennt, wird Schritt für Schritt seine alten Programmierungen, seine Muster, die er seinem Unterbewußtsein und seinem Verstand mitgegeben hat, auflösen und sie ersetzen durch neue Programme, die im Einklang sind mit dem Kosmos.

Es werden neue Therapieformen auf diese Erde kommen, die es dem Menschen ermöglichen werden, sich in kürzester Zeit von diesen alten Programmierungen und Verstrickungen zu lösen.
Das Wissen um die Gesetzmäßigkeiten des Menschen und dieser Erde wird vielen Menschen zugänglich werden. Die Erinnerung an Therapieformen und Heilweisen der Vergangenheit, die den Menschen als ein ganzheitliches Wesen betrachtet haben, wird wiederkommen.

Die Zeit des Experimentierens ist vorüber.

Jeder, der bereit ist, sich dem Wissen, dem universellen Wissen zu öffnen, wird als Kanal benutzt werden, um diese neuen Therapieformen, um eine Medizin, die im Einklang ist mit der Schöpfung, auf diese Erde zu bringen.
Dazu ist es nötig, daß jeder, der diesen Weg beschreiten möchte, gereinigt wird. Doch wenn in ihm wirklich der Wunsch zu dienen stark genug ist, wird diese Reinigung stattfinden und er wird die Unterstützung bekommen, die er dazu benötigt.

Alles, was lebt, wartet darauf, erlöst zu werden.
Diese Erlösung bedeutet ein Annehmen des eigenen Lichts, ein Verabschieden aller Fehler der Vergangenheit, um wiedergeboren zu werden im Licht und in der Liebe des Schöpfers.

Viele Menschen glauben, daß diese Erlösung erst dann stattfinden kann, wenn sie ihre sterbliche Hülle hinter sich gelassen haben. Doch dies ist eine Illusion, die durch die Kirchen aufrechterhalten wird. Diese Erlösung kann jetzt stattfinden.

Für die göttliche Gnade und die bedingungslose Liebe gibt es keine Beschränkung, keine Struktur, die sich nicht durch sie auflösen läßt. Der Mensch ist es, der diese Strukturen und Begrenzungen geschaffen hat.

In dem Maße, in dem er sich als sein eigener Schöpfer, als Schöpfer für all das, was er bisher erlebt hat, erkennt und akzeptiert, wird er auch die Kraft finden, diese begrenzenden Strukturen aufzulösen.

Die Wirklichkeit, die hinter allen Erscheinungen steht - die Welt die Lichts - strahlt in einer überirdischen Schönheit, in einer Farbenvielfalt, die sich die meisten Menschen gar nicht vorstellen können.

Doch wenn sie nur einmal einen Schimmer dieses Lichts und dieser Schönheit in sich gesehen haben, werden sie von einer unbändigen Sehnsucht gepackt, dieses Licht zu leben.

Diese Sehnsucht wird sie führen durch alle Dunkelheit, durch alle Schmerzen, durch alle Verstrickungen, die sie sich bisher geschaffen haben. Bis sie mit diesem Licht, dem Urlicht, das immer war und immer sein wird - unberührt vom Wandel der Zeiten - verschmelzen werden.

KAPITEL 3

DIE FARBE DES HERZENS

Jeder Mensch trägt in sich das Wissen um sein ureigenes Licht.
Dieses Licht manifestiert sich in bestimmten Farben, die der
Mensch, wenn er erwacht, erkennen kann.
Diese Farben lassen sich mit dem Farbspektrum des Regenbogens
vergleichen. Doch sie sind von einer feineren, lichteren Schwin-
gungsebene als die Farben, die der Mensch auf der Erde kennt.

Die Farben eines Menschen, der erwacht ist, strahlen in einer
solchen Klarheit und Schönheit, daß sie für alle Menschen, die die
Farben erkennen können, ein Quell der Freude sind.

Je weiter der Mensch in seiner göttlichen Entwicklung geht, um so
mehr Farben wird er in seinem Lichtkörper entwickeln und verfeinern.
Der Mensch des Neuen Zeitalters hat die Aufgabe, die Farbe seines
Herzens zu entdecken, zu entwickeln und in einem Licht erstrahlen
zu lassen, die alles bisherige in den Hintergrund stellt.

Diese Farbe des Herzens beinhaltet in sich eine Schwingungsebene, die den Menschen Glückseligkeit erfahren läßt.

Jeder Mensch, der in Kontakt mit dieser Schwingungsebene kommt, erlebt in sich das Einssein - das Einssein mit allem, was lebt - Einssein mit der Schöpfung - Einssein mit dem Kosmos.

Jeder, der in Kontakt kommt mit der Farbe seines Herzens, wird Lichtwelten entdecken, die ihn beglücken werden und die er auf dieser Erde manifestieren wird.

Die Schwingungsebene des Herzens bei einem erwachten Menschen ist so stark, daß zur Zeit nur wenige Menschen in der Lage sind, diese Schwingung zu ertragen.

Doch je mehr Menschen bereit sind, sich zu reinigen, und sich dem Wandel, den das Neue Zeitalter mit sich bringt, zu stellen, um so mehr Menschen werden in der Lage sein, sich in diese Schwingungsebene des reinen Herzens hineinzubegeben.

Die Welt des Lichts, die sich im Lichtherzen eines jeden Menschen befindet, hält viele Wunder und Geschenke für den Menschen bereit.

Hier befindet sich der Sitz der unendlichen verzeihenden Gnade, der bedingungslosen Liebe, der verströmenden Güte und Harmonie. Für jeden, der in die Schwingungsebene des reinen Herzens eintaucht, verschmelzen Vergangenheit, Gegenwart und Zukunft.

In dieser Ebene wird der Zustand des ewigen Seins erlebt.

Hier ist der Sitz der göttlichen Liebe, der Sitz der ICH BIN - Kraft.

In dieser Ebene verschmilzt der Mensch mit seinem göttlichen Selbst.

Hier ist das Zentrum des Lichts.
Myriaden von Lichtfunken verschmelzen zum Licht des Kosmos.
Innen und Außen ist Eins.

Sobald der Mensch diese Ebene erreicht hat, sind alle Begrenzungen, die er jemals in sich und um sich erlebt hat, aufgehoben. Er ist Licht und das Licht ist in ihm. Er strahlt in einer wundersamen Weise und erleuchtet alle Teile seines Selbst.

Dieser Zustand wird in vielen Religionen als höchstes Ziel beschrieben. Die Derwische erreichen in ihrem kosmischen Tanz der Ekstase diese Ebene und mit ihr die Glückseligkeit, die Harmonie und das Einssein mit dem Schöpfer.

Viele Symbole und Bilder wurden in vergangenen Zeiten benutzt, um diese Ebene zu beschreiben: Die Rose, die dem Menschen als Herzensblüte zu eigen ist. - Ein strahlender Diamant, dessen funkelndes Licht erstrahlt und alles erleuchtet.
Doch diese Symbole und Bilder beschreiben nur einen Teil des Lichtes, das der Mensch in seinem Herzen trägt.

Mit diesem Licht und der Farbe, die für die Herzensebene des Menschen stehen, verwirklicht der Mensch seine Schöpferfähigkeiten. Er wird angeschlossen an sein Potential der Heilung. Er wird in sich eine unendliche Liebe verspüren für alles was lebt - für jegliche Kreatur - für seine Mitmenschen.
Diese Liebe wird ihn verwandeln und die Welt, in der er lebt.

Jedem Menschen steht ein geistiger Führer zur Verfügung, der die Aufgabe hat, ihn in diese Schwingungsebene des reinen Herzens zu führen. Dieser geistige Führer begleitet ihn seit Urbeginn der Zeiten. Er führt ihn in all die Situationen, in denen er lernen kann, sich zu vervollkommnen und diese Schwingungsebene zu erreichen. Er lehrt ihn die verschiedenen Ebenen des Seins, damit der Mensch seine eigene Gesetzmäßigkeit erkennen und erfüllen kann.
Er ist der innigste Vertraute und Freund, den sich ein Mensch nur vorstellen kann. Er beinhaltet jegliches Wissen über die Vergangenheit, Gegenwart und Zukunft eines Menschen.

Die Menschen müssen wieder lernen, die Weisungen ihres Geistführers zu befolgen und sich so weit zu reinigen, daß sie die Weisungen ihres Geistführers erkennen können.
Viele Menschen haben vergessen, daß sie zu Beginn ihrer jetzigen Inkarnation von ihrem Geistführer über all das belehrt worden sind, was diesmal auf sie wartet.
Sie haben vergessen, daß sie eingewilligt haben, dieses Leben mit all seinen Prüfungen und Herausforderungen zu leben.
Doch es ist an der Zeit, daß sie sich wieder erinnern.

Um die Schwingungsebene des reinen Herzens zu erreichen, ist es notwendig, daß die Menschen Zeiten der Stille einhalten und sich in der Meditation üben. Nur wer sich für die Tiefe der Stille öffnet und tief in sein Innerstes eintauchen kann, wird diese Ebene erreichen können und sein Herzenslicht erstrahlen lassen.
Die Sehnsucht nach diesem Herzenslicht muß so groß werden, daß jegliches Verlangen nach weltlichen Dingen, Besitz und Wohlstand aufgelöst wird.

Wer in die Schwingungsebene des reinen Herzens eintaucht, wird sich in einem Licht wiederfinden, welches rosa-golden erstrahlt. Dieses rosa-goldene Licht wird ihn beleben und erfrischen - jede Zelle seines Seins. Alle Körper, die Lichtkörper, die dem Menschen zu eigen sind, werden durch dieses Licht in Harmonie gebracht. Der Mensch fühlt sich von einem wohltuenden Lichtstrom durchflutet. Er wird in sich ein Gefühl der Leichtigkeit erleben, das jegliche Begrenzung, alle Schwere, die er bisher in seinem physischen Körper erfahren hat, aufheben wird. Dieser Zustand beinhaltet die unendliche Leichtigkeit des Seins.

In dieser Lichtstrahlung des reinen Herzens wird er all denen begegnen, mit denen er in Liebe verbunden ist. Der Mensch wird erkennen, daß sie alle Teile sind des Einen Seins - verbunden in Harmonie - jeder Einzelne in einer unendlichen Schönheit strahlend in seinem ureigenen Licht.

Die Vielfalt der Schöpfung verschmilzt zur Einheit. Das eine Licht, das in sich alle Lichter beherbergt, funkelt wie Tausende von Diamanten, erschafft in jedem Moment des Seins Äonen von Welten. Und all diese Welten haben ihren Sitz in dem Lichtherzen des Menschen.

Das Neue Zeitalter wartet nur darauf, von den Menschen in seiner Fülle und Schönheit, in dem Licht, das es mitbringt, aufgenommen zu werden. Alle Menschen, die bereit sind, sich für diese Schwingung zu öffnen, sollten voller Freude, Dankbarkeit und Demut die notwendigen Schritte tun, damit sie in diese Ebene eintauchen können.

Die Reinigung, die stattfinden wird, kann auf eine sanfte und schnelle Art und Weise geschehen.

Den Menschen werden verschiedene Übungen gegeben, um diese Reinigung zu erreichen. Diese Übungen beinhalten verschiedene Arten der Meditation, in denen den Menschen verschiedene Lichter gegeben werden, die es ihnen ermöglichen, die Fehler der Vergangenheit zu erkennen und durch die Kraft der Vergebung wiedergutzumachen. Sie beinhalten Anweisungen, wie der Mensch sich durch die rechte Art der Ernährung in seinem physischen Körper reinigen kann. Sie beinhalten Anweisungen, wie er sich mit Hilfe der Naturkräfte reinigen kann.

Jeder Mensch sollte zu Beginn seines Tagesablaufs darum bitten, daß er die Aufgaben des Tages gezeigt bekommt und daß er die Unterstützung erhält, um diese Aufgaben zu erfüllen.

Die Art und Weise, wie der Mensch des Morgens in den Tag geht, bestimmt dessen ganzen Ablauf. Deshalb ist es notwendig, daß zu Beginn des Tages eine Zeit der Stille eingehalten wird, in der der Mensch den neuen Tag begrüßt, die Nacht hinter sich läßt und seine Energien sammelt.

Neben dieser geistigen Einstellung ist es wichtig, daß der Mensch sich mit Wasser reinigt.

Zum einen sollte sich jeder Mensch zu Beginn des Tages mit dem Wasser, das ihm zur Verfügung steht, reinigen. Er sollte sich dabei vorstellen, daß dieses Wasser nicht nur seinen physischen Körper reinigt, sondern auch seinen Energiekörper von allem Ungleichgewicht, das sich im Laufe des Tages angesammelt hat.

Zum anderen sollte der Mensch genügend Wasser, reines Wasser zu sich nehmen, das ihn von Innen reinigt und durchströmt.
Dies ist unbedingt notwendig für alle Menschen, die den Weg des Lichts beschreiten wollen und die die Transformation, die notwendig ist, um ihre Schwingung zu verfeinern, durchführen wollen.

Die Zeit ruft und es ist notwendig, daß jeder Tag bewußt dazu benutzt wird, an sich zu arbeiten. Bewußt dazu genutzt wird, sein ureigenes Selbst zu entdecken und die Energien, die jedem Menschen als Potential zur Verfügung stehen, in einem stärkeren Maße zu kanalisieren.

Die meisten Menschen leben nur einen winzigen Bruchteil ihres geistigen Potentials, ihrer Kraft, ihres Lichts. Es ist jetzt an der Zeit, daß sie eine größere Menge diese Potentials kanalisieren, um die Lichtfülle, die auf diese Erde und auf jeden Menschen einströmt, aufnehmen und verwirklichen zu können.
Der Mensch muß sich so weit verfeinern in seiner Schwingungsebene, daß er diese Lichtfülle ertragen kann. Wenn ihm dies nicht gelingt, ist diese Lichtfülle zu stark für ihn und wird seinem Körper und seinem System Schaden zufügen.

Dieses Licht hat die Fähigkeit, jede Schwingung, die sich in einem Menschen befindet, zu verstärken.

Wenn ein Mensch nun in sich Schwingungen lebt, die von einer niedrigeren Frequenz sind als diese Lichtfülle, die auf ihn einströmt, ist es so, als wenn ein zu starker Strom durch eine Glühbirne geschickt wird.

Die Glühbirne wird durch den zu starken Strom zerstört. Ebenso wird es einem Menschen ergehen, der seine Schwingungsebene nicht genügend verfeinert hat und in Kontakt kommt mit diesem Licht, das im Neuen Zeitalter auf die Erde kommt.

Die Menschen müssen lernen, nach innen zu gehen.
Sie müssen erkennen, daß sie nicht ihr physischer Körper sind. Sie müssen erkennen, daß sie Licht sind, Licht, das sich auf verschiedenen Ebenen des Seins durch sie ausdrückt. Sie müssen lernen, alles, was sie denken, tun und sagen, zu durchtränken mit ihrer ureigenen Schwingung.
Sie müssen lernen, daß die Nahrung, die sie zu sich nehmen, diese Schwingung, die ihnen zu eigen ist, entweder erhöhen oder erniedrigen wird.

Jeder, der seine Schwingung erhöhen will, sollte auf fleischliche Nahrung voll und ganz verzichten. Jeder Mensch, der seinem Körper fleischliche Nahrung zuführt, identifiziert sich mehr oder weniger mit der Schwingungsebene der Tiere.
Damit der Mensch seine Schwingung erhöhen kann, ist es nicht nur notwendig, daß er auf den Genuß fleischlicher Nahrung verzichtet. Sondern er muß auch lernen, bewußter die Nahrung in sich aufzunehmen. Die Art und Weise der Nahrungsaufnahme entscheidet darüber wie der physische Körper und die feineren Körper des Menschen diese Nahrung verwerten können.

Die Zubereitung der Nahrung sollte in einem Bewußtsein geschehen, das erfüllt ist von Dankbarkeit gegenüber der Mutter Erde, die diese Nahrung dem Menschen schenkt.

Farbe des Herzens

Die Schwingung, in der ein Essen zubereitet wird, ist entscheidend für die Auswirkungen, die es in den Körpern des Menschen bewirken wird. Wenn die Nahrung in der rechten Weise zubereitet und aufgenommen wird, ist sie nicht nur eine Nahrung für den physischen Körper, sondern die feineren Körper des Menschen werden ebenfalls genährt.

Der Mensch muß lernen, in allem, was er im Laufe eines Tages tut, sein göttliches Selbst zu erkennen und zu verwirklichen.

Wenn der Mensch erwacht, wird sich sein Leben in einer wunderbaren Weise verändern. Jede Begegnung, jede Erfahrung wird ihm Botschaften seiner eigenen inneren Welt übermitteln.
Auf diese Art und Weise wird der Mensch immer leichter und feiner werden in der Schwingung seiner Körper, die ihm zu eigen sind.
Immer neue Welten des Lichts wird er sich erschließen und neue Ebenen des Lichts manifestieren können.
Sein Bewußtsein wird sich immer mehr erweitern, bis er den Zustand erreicht hat, daß er in die Schwingungsebene des reinen Herzens eintauchen kann.
Viele Schritte sind notwendig, um dorthin zu kommen. Doch die Zeichen der Zeit stehen günstig für diese Bewußtseinsentwicklung des Menschen.

Mit der Hilfe der Kraft des Gebets und der Meditation wird der Mensch in der Lage sein, diese Ebene zu erreichen. Er wird eintauchen in die Welt des Lichts und die Glückseligkeit erfahren, die in seinem Herzen wohnt.

Unendliche Möglichkeiten des Seins werden sich ihm offenbaren. Er wird sich erkennen als ein Kind des Lichts, als Abbild von Vater und Mutter Gott.

In vergangenen Zeiten war diese Ebene den Eingeweihten vorbehalten. Erst wenn sie sich den notwendigen Prüfungen unterzogen hatten, war es ihnen möglich, in diese Ebene hineinzugehen. Doch das menschliche Bewußtsein hat sich im Laufe der Zeiten weiterentwickelt. Die Menschen sind durch viele Prüfungen gegangen, haben Aufgaben erfüllt, um jetzt bereit zu sein, in diese neue Ebene einzutauchen.

Das Einzige, was die Menschen, die bereit sind, diesen Weg zu gehen, lernen müssen ist, ihre Schwingung so weit zu erhöhen, daß sie diese Lichtfülle ertragen können, in sich aufnehmen und in ihrem Leben umsetzen können. Sobald sie sich in diese Schwingungsebene hineinbegeben haben, wird sich ihr Körper verändern. Sie befinden sich in einem solchen Zustand der Harmonie, des Angeschlossenseins an ihre Kraft, daß es nicht länger notwendig ist, daß ihr Körper die verschiedenen Mißstände, die sich in Form von Krankheiten manifestieren, leben muß.

In dieser Lichtebene des reinen Herzens wird alles durchströmt von dem einen ewigen Licht, das in sich die grenzenlose Liebe und Güte des Schöpfers beinhaltet.

Die Menschen, die dies verwirklichen werden, werden die Führer für die Menschen im Neuen Zeitalter werden.
Sie werden die Erde, auf der wir leben, verändern.

Sie werden es durch ihre Ausstrahlung vielen Menschen ermöglichen, neue Erkenntnisse zu gewinnen und ihr Bewußtsein zu erheben für die Welt des Lichts.

Es ist an der Zeit, daß die Menschen erwachen. Daß sie sich erheben aus der Welt der Illusion. Daß sie die Wirklichkeit erkennen, die hinter allen Erscheinungen steht.

Jeder, der bereit ist, diesen Weg zu gehen, erhält die Möglichkeit, sich in kürzester Zeit weiterzuentwickeln, sein Bewußtsein zu erweitern und seine Wahrnehmung für die Ebenen des Lichts zu schulen, die ihm zugänglich sind.

Jeder Mensch besitzt in seinem Energiekörper die verschiedenen Ebenen der Manifestation, die auch als Chakren bezeichnet werden. Wenn der Mensch lernt, diese Energiezentren im Einklang und in Harmonie mit seiner göttlichen Führung zu benutzen, wird es ihm möglich sein, die Energien der unteren Chakren zu kanalisieren, so daß sie sich verbinden in einem gemeinsamen Energiestrom, der in ihrem Herzchakra münden wird.
Wenn die Menschen lernen, die Energie des Kosmos in sich aufzunehmen und durch die oberen Energiezentren zu kanalisieren, auf daß sich diese Energien in ihrem Herzzentrum, in ihrer Mitte, der geistigen Mitte ihres Seins, mit den Energieströmen der unteren Chakren in einem unvergleichlich schönen, strahlenden Licht vereinigen, wird sich der Mensch als der Schöpfer allen Seins, verbunden in Harmonie mit allem, was lebt, erkennen.
Dieser Energiekörper wird für viele Menschen erlebbar, erkennbarer werden als es in der Vergangenheit möglich war.

Der Mensch muß lernen, sich der Energieströme, die in seinem Energiekörper fließen, bewußt zu werden und erkennen, welcher Zusammenhang zwischen diesem Energiekörper, seinem physischen Körper und den feineren Ebenen seines Seins besteht.

Jeder Mensch besitzt in sich die Fähigkeit der Hellsichtigkeit, der Hellfühligkeit, der Hellhörigkeit. Es ist an der Zeit, daß der Mensch diese Fähigkeiten wieder in sich zuläßt und entwickelt. Diese Fähigkeiten sind nicht nur wenigen Menschen vorbehalten.
Es ist an der Zeit, daß die Menschen in Gruppen zusammengeführt und geschult werden in diesen Fähigkeiten, die in ihnen schlummern.
Es werden Schulen der Wahrnehmung errichtet werden, in denen die Menschen unter der Führung derjenigen, die schon erwacht sind, lernen, ihr Bewußtsein zu erweitern und sich wieder anzuschließen an ihr eigenes inneres Selbst.
Diese Schulen werden in Harmonie und im Einklang mit der geistigen Führung in der ganzen Welt errichtet werden.
Den Menschen wird auf diese Art und Weise ein Wissen zugänglich werden, ein Wissen um die Gesetze dieser Erde und die Gesetze des Kosmos. Diese Schulen werden den Menschen alles lehren, was nötig ist, um diese Erde und das Leben der Menschen zu verändern, auf daß sich eine Welt des Lichts und der Liebe manifestieren kann.

Viele Menschen sehnen sich schon heute danach, gelehrt zu werden. Sie sehnen sich danach, daß ihre Kinder, die Kinder des Lichts neue Arten erleben werden, geschult zu werden.
Es wird nicht mehr lange dauern, bis sich diese neuen Schulen des Neuen Zeitalters verwirklichen werden.

Die Systeme, die sich zur Zeit noch auf der Erde befinden und die dem Menschen, seinem göttlichen Wesen, nicht mehr gerecht werden, werden abgelöst durch diese neuen Formen, die nur darauf warten, vom Menschen entdeckt und auf diese Erde gebracht zu werden.

Es wird eine große Revolution, eine Erneuerung im Innern eines jeden Menschen stattfinden. Diese Erneuerung des Geistes im Innern eines jeden Menschen wird die Außenwelt mehr und mehr verändern.

Die Menschen müssen lernen, jeden als ein Abbild des göttlichen Selbst zu erkennen und anzunehmen. Jeder Mensch ist ein individueller Ausdruck des göttlichen Seins mit seinem ureigenen Licht, das er hier auf diese Erde bringt.
Jede Begegnung, die zwischen den Menschen stattfindet, jede Zusammenarbeit kann auf diese Art und Weise bereichert und erleuchtet werden.
Es ist möglich, neue Energien zu kanalisieren, wenn jeder dem anderen in Offenheit und dem Wissen, daß der andere ein göttliches Wesen ist, begegnet. Das Wesen eines Menschen läßt sich nur erkennen, es offenbart sich einem anderen Menschen nur, wenn ihm mit Offenheit und Liebe im Herzen begegnet wird.

Jeder Mensch kann in sich die Entscheidung treffen, sich für das Licht oder für die Dunkelheit zu öffnen. Und entsprechend dieser Entscheidung wird er entweder das Licht oder die Dunkelheit wahrnehmen - in sich, in dieser Welt, im Anderen.

Das Licht, das im Herzen eines Menschen wohnt, wartet nur darauf, entdeckt und angenommen zu werden, auf daß es erstrahlen kann in unbeschreiblicher Schönheit und Harmonie, auf daß es den Menschen führen kann auf seinem Weg zur Vollkommenheit.

Wenn der Mensch in dieses Licht eintaucht, wird er seine geistigen Führer und seine Schutzengel, die ihn von Urbeginn an begleiten, erkennen können. Die Schleier, die er bisher in seinem Bewußtsein erlebt hat, werden sich lüften. Er wird diese Welt des Lichts in einer unendlichen Schönheit erfahren können.

Es wird ihm möglich sein in dieser Ebene des Lichts allen Aspekten seines Seins zu begegnen und diese zu erkennen. Er wird sich seiner selbst bewußt, seiner unendlichen Möglichkeiten, die Liebe und das Licht, das er ist, zu manifestieren - auf seine ureigenste Art und Weise.
In ihm wird ein unendliches Mitgefühl für die gesamte Menschheit und diese Erde, auf der er lebt, geboren.

Der Mensch wird die Welt des Lichts erkennen, wenn er gelernt hat, in diese Schwingungsebene hineinzugehen.

Jeder Mensch, der einmal in diese Schwingungsebene des reinen Herzens eingetaucht ist, hat die Fähigkeit, dieses Licht im Herzen eines jeden Menschen zu erkennen und zu verstärken.

Seine Ausstrahlung wird diese Lichtschwingung in den anderen Menschen wachrufen. Er wird in ihnen die Sehnsucht erwecken, dieses Licht und die Liebe, die damit verbunden ist, zu erfahren.

Auf diese Art und Weise werden immer mehr Menschen dorthin geführt, daß sie ihre Schwingung erhöhen können und die Farbe ihres Herzens, ihres Herzenslichtes, verwirklichen.

KAPITEL 4

IM EINKLANG MIT DER NATUR

Die Menschen werden erwachen und ein Leben führen im Einklang mit der Natur, im Einklang mit der Natur dieser Erde, im Einklang mit der Natur des Menschen.

Die Natur dieser Erde beinhaltet in sich die verschiedenen Lichtebenen, in denen Lichtwesenheiten zu Hause sind, die sich um das Wohlergehen dieser Erde und aller, die auf dieser Erde leben, kümmern. Diese Lichtwesenheiten werden als Elfen, Gnome und Devas bezeichnet.
Die Welten des Lichts, die zu diesen Lichtwesenheiten gehören sind von einer eigenen, dem Menschen sehr verschiedenen Schönheit und Ausstrahlung.

Es gab eine Zeit, in der der Mensch mit den Lichtwesenheiten zusammengearbeitet hat. Damals konnte der Mensch ungehindert in deren Welt eintauchen und mit den Lichtwesenheiten kommunizieren.

Es gab keine Trennung zwischen der Welt des Lichts, die dem Menschen innewohnt, und der Welt des Lichts dieser Wesenheiten. Alles war eins - verbunden im Einklang mit der Schöpfung.

Doch je mehr sich der Mensch für die Mächte der Dunkelheit öffnete und sich für die Welt des Lichts verschloß, um so mehr zogen sich die Lichtwesenheiten dieser Erde von dem Kontakt mit dem Menschen zurück.

Der Mensch in seiner Ignoranz als Beherrscher dieser Welt, der sich diese Erde untertan machen sollte, vergaß, daß es die Lichtwesenheiten dieser Erde waren, die es ihm erlaubten im Einklang mit der Schöpfung die Früchte dieser Erde zu ernten.
Durch die Ausbeutung der Erde durch den Menschen war es diesen Lichtwesenheiten nicht mehr möglich, ihren Aufgaben nachzukommen. Durch die Schwingung, die der Mensch auf dieser Erde manifestierte, mußten sich diese Lichtwesenheiten immer mehr zurückziehen in die Abgeschiedenheit, in die Natur, die noch unberührt war von der Hand des Menschen.

Doch es ist an der Zeit, daß die Menschen sich wieder für die Lichtwesenheiten öffnen und sie demütig und voller Hingabe an das göttliche Wissen, das sie beinhalten, in ihrer Aufgabe unterstützen und die Hilfe, die dem Menschen dadurch zuteil wird, annehmen.

Jeder Garten, der in Liebe und Hingabe von den Menschen gepflegt wird und im Einklang mit den Gesetzen der Erde bebaut und geerntet wird, wird von den Lichtwesenheiten besucht und, wenn es möglich ist, bewohnt werden.

In dem Maße wie sich der Mensch für sein eigenes Licht öffnet, wird er wieder mit den Lichtwesenheiten, mit den Elfen, mit den Devas, kommunizieren können. Er wird sich öffnen für die Botschaften, die diese Lichtwesenheiten für ihn haben.
Auf diese Art und Weise wird es möglich sein, daß die Erde den Menschen mit ihren Früchten reich beschenkt.

In der heutigen Zeit existieren schon einige dieser Gärten - Gärten des Lichts und der Liebe.
Der Garten in Findhorn ist eines der Beispiele, wie sich die Harmonie mit den Lichtwesenheiten, die Harmonie mit dem Engelreich auf dieser Erde manifestieren können.

Diese Erde hält nicht nur ihre Früchte dazu bereit, den Menschen zu nähren. Sie beinhaltet jegliche Substanz, die der Mensch benötigt, um genährt und geheilt zu werden. Jeder, der die Sprache der Erde verstehen kann, die Sprache dieser Lichtwesenheiten, benötigt keine andere Medizin, um geheilt zu werden.
Es ist alles vorhanden, was der Mensch benötigt, um ein Leben in Harmonie und Glückseligkeit zu führen.

Jede Pflanze, jeder Busch, jeder Strauch, jedes Gras beinhaltet in sich eine Schwingungsebene, eine Informationsebene, individuell, die der Mensch in seinen jeweiligen Bedürfnissen benötigt.
Der Mensch muß lernen, sich in Liebe und Hingabe für das Pflanzenreich zu öffnen. Das Pflanzenreich wartet nur darauf von dem Menschen in seiner Schönheit und Lieblichkeit erkannt und angenommen zu werden. Voller Liebe und im Einklang mit der Schöpfung schenkt es sich ihm, um ihn zu nähren.

Es ist an der Zeit, daß der Mensch erkennt, daß er mit den Giften, die er geschaffen hat, dieses Pflanzenreich zerstören wird. Er muß erkennen, daß er damit nicht nur das Pflanzenreich zerstört, sondern auch sein eigenes Leben.

Immer mehr Menschen erwachen und erkennen, daß es Zeit zur Umkehr ist. Sie beginnen damit ein bewußteres Leben zu führen.

Die Selbstheilungskräfte der Erde und des Pflanzenreichs sind groß. Wenn der Mensch jetzt aufhört seine Umwelt zu vergiften, kann sich diese Erde und alles, was auf ihr lebt in kürzester Zeit regenieren. Jeder, der in der rechten Art und Weise, im Einklang mit den Lichtwesenheiten dieser Erde, seiner Umwelt begegnen wird, wird seinen Teil dazu beitragen, der Erde dabei zu helfen.

Jeder, der sich in Liebe für die Lichtwesenheiten dieser Erde öffnet, hilft ihnen dabei, ihre Aufgabe zu erfüllen. Jeder, der diese Lichtwesenheiten in sein tägliches Gebet mit einschließen wird, hilft ihnen dabei, ihr Licht erstrahlen zu lassen und ihre Schwingung zu erhöhen.

Jeder, der voller Freude und Dankbarkeit die Früchte dieser Erde annehmen wird, trägt dazu bei, daß sich diese Lichtwesenheiten vermehren können.

Die Kinder des Lichts werden mit den Kindern dieser Erde in Frieden und Harmonie leben.

Neben dem Pflanzenreich gibt es noch das Mineralreich, das auf dieser Erde beheimatet ist.

Auch in diesem Mineralreich sind Lichtwesenheiten beheimatet, mit denen der Mensch in Kontakt treten kann.

Der Mensch muß erkennen, daß die Mineralien dieser Erde nicht tote Materie sind, sondern daß sie eine Schwingungsebene des Lichts beinhalten. Daß es Lichtwesenheiten gibt, deren Aufgabe darin besteht, die Schwingung dieser Mineralien rein zu halten.

Mehr und mehr Menschen erkennen, daß die Mineralien und Steine Botschaften für sie haben können, Schwingungen beinhalten, die zur Heilung benutzt werden können.
Das Wissen um die Geheimnisse des Mineralreiches wird mehr und mehr Menschen zugänglich werden.

Die Heilkraft der Mineralien ist nur ein Teil, den der Mensch für sich selbst nutzen kann. Viele der Kristalle dieser Erde können dazu benutzt werden, andere Schwingungsebenen, Ebenen des Lichts wahrzunehmen und in die Welt des Lichts einzutauchen.
Diese Kristalle beinhalten ein uraltes Wissen, das den Menschen zugänglich werden kann, wenn sie sich dafür öffnen.

Doch nicht jeder Stein ist für jeden Menschen geeignet.
Die Schwingung des Steins muß mit der Schwingung des Menschen harmonisieren, damit er ihn in dieser Art und Weise benutzen kann. Steine, die nicht der Schwingung des Menschen entsprechen und von ihm benutzt werden, können seinem Körper und Energiekörper Schaden zufügen. Die Menschen müssen ihr Wahrnehmungsvermögen so weit schulen, daß sie erkennen können, welche Kristalle und Steine benutzt werden können.

Die Menschen sollten nur die Mineralien, Steine und Kristalle von der Erde annehmen, die sie ihnen freiwillig schenkt.
Die Erde beinhaltet noch viele Schätze in ihrem Innern, die der Mensch noch nicht entdeckt hat. Sorgsam behütet, werden diese Schätze von den Lichtwesenheiten bewacht. Diese Lichtwesenheiten verwehren den Menschen den Zugang zu diesen Schätzen.

Erst wenn der Mensch sich in seinem Bewußtsein erhoben hat und sich für die Welt des Lichts geöffnet hat und in Demut bereit ist, seinen göttlichen Auftrag zu erfüllen, werden ihm diese Schätze zugänglich werden.
Erst wenn der Mensch lernt seine Habgier, seine Besitzgier zu transformieren und bereit ist alles mit allen zu teilen, wird das Wissen um diese Schätze freigegeben.

Die Welt des Lichts wartet darauf, daß die Menschheit sie verwirklicht. Sie offenbart sich ihr in allem, was lebt, auf allen Ebenen des Seins, in allem, was auf dieser Erde lebt.
Wenn der Mensch im Einklang mit den Kräften der Natur dieser Erde lebt, werden sich ihm Wunder offenbaren, die ein Quell reiner Freude sind. Wenn er sich in diesem Bewußtsein in der Natur aufhält, wird er in all seinen Körpern belebt und regeneriert werden.

Es ist notwendig, daß der Mensch im Einklang mit den Lichtkräften der Erde Feste des Lichts feiert. Das Wissen um diese Lichtfeste ist in vielen Menschen noch vorhanden. Diese Lichtfeste sollten im Laufe eines Jahres voller Dankbarkeit und Freude gefeiert werden. Das Erntedankfest, das heute noch bekannt ist, ist nur eines dieser Feste, die im Einklang mit der Natur stattgefunden haben.

In der heutigen Zeit existieren einige Gemeinschaften, in denen das Wissen um diese Lichtfeste noch lebendig ist und die diese Lichtfeste Jahr für Jahr mit den Elfen, den Devas und den Engeln zelebrieren.

Das Licht, das auf diese Art und Weise auf der Erde manifestiert wird, hilft der Erde und den Lichtwesenheiten und den Menschen ihr Leben in Einklang und Harmonie zu führen. Es hilft des Menschen, sich für jede neue Jahreszeit und das, was die Erde ihnen in dieser Jahreszeit schenken will, zu öffnen und sich in ihrer Schwingung anzupassen.

Das Leben dieser Erde, das Leben des Menschen verläuft in genau abgegrenzten Zyklen. Nur wenn ein Zyklus vollendet wurde, ist die Erde in der Lage weiterzugehen, ist der Mensch in der Lage weiterzugehen. Mit der Zeitenwende, die bevorsteht geht ein großer Zyklus zu Ende.

Alle Menschen, die die Energien des vergangenen Zeitalters in Harmonie und im Einklang mit dem Kosmos verwirklicht haben, sind bereit, voll und ganz in das Neue Zeitalter einzutauchen und sich für die Lichtfülle, die damit auf diese Erde kommt, zu öffnen. Diese Menschen sind freudig bereit, ihre vergangenen Strukturen hinter sich zu lassen, aufzubrechen in eine neue Welt, eine Welt des Lichts und der Liebe.
Sie sind bereit, sich weiter zu entwickeln in ihrem Bewußtsein, in allen Schwingungsebenen ihres Seins.
Sie werden erkennen, daß sie ein Leben im Einklang mit ihrer göttlichen Natur führen können.

Sie werden lernen mit dem Engelreich zu kommunizieren, mit der geistigen Hierarchie, die das Leben auf der physischen Ebene hinter sich gelassen haben.

Sie werden eintauchen in die verschiedenen Lichtebenen, die mit der Erde verbunden sind. Sie werden die Lichtebenen entdecken, die darüber hinausgehen.

Sie werden in der Lage sein mit den geistigen Kräften und Lichtwesen, die sich auf anderen Planeten dieses Universums manifestiert haben, zu kommunizieren.

Immer mehr Lichtkräfte, die auch als Außerirdische bezeichnet werden, treten in Kontakt mit der Menschheit. Jeder, der bereit ist, sich für diesen Kontakt zu öffnen, wird Botschaften von diesen Lichtkräften erhalten.

Es wird nicht mehr lange dauern, daß diese Lichtkräfte für viele Menschen in der physischen Welt erkennbar werden. Der Kontakt, der in den meisten Fällen auf den inneren Ebenen stattgefunden hat, wird sich auf die Außenwelt übertragen.

Diese Lichtkräfte kommen in Liebe und im Einklang mit dem Schöpfer auf die Erde, um den Menschen zu helfen, das Neue Zeitalter zu verwirklichen.

Die Menschen werden erkennen, daß die menschliche Form nur eine von vielen ist, in denen sich das göttliche Prinzip offenbart.

In dem Maße wie der Mensch erwacht, wird er sich für alle die Frequenzen öffnen, die es ihm erlauben, die anderen Lichtebenen mit seinen physischen Augen zu erkennen.

Die Menschen wissen, daß das menschliche Auge bisher nur einen kleinen Teil der Lichtfrequenzen wahrnehmen konnte.

Es ist an der Zeit, daß diese Begrenzung aufgehoben wird und der Mensch sich für diese erweiterte Wahrnehmung öffnet. Der Mensch ist in der Lage, jegliche Strahlung des Lichts, die existiert, zu erkennen.

In dem Maße wie sich der Mensch für sein ureigenes Licht öffnet, wird er seine wahre Natur erkennen und verwirklichen.
Er wird die verschiedenen Ebenen des Lichts bereisen können, neue Erkenntnisse sammeln, inspiriert werden und das Wissen, das ihm in den verschiedenen Ebenen des Lichts mitgegeben wird, auf diese Erde bringen.

Immer mehr Menschen entdecken, daß ihr Leben nicht auf ihren physischen Körper begrenzt ist und auf diese Welt, die sie mit ihren physischen Sinnen erfahren können.
Sie entdecken, daß es eine innere Welt gibt, die Welt des Lichts. Diese Welt des Lichts beinhaltet eine Fülle und Schönheit und einen so unendlichen Reichtum, der von den Menschen kaum erfaßt werden kann.
Jede der Lichtebenen strahlt in einer unbeschreiblichen Schönheit und beinhaltet Erfahrungen, die ganz spezifisch für diese Ebene sind.
In dem Maße wie der Mensch diese Lichtebenen erkennen und erfahren wird, wird sich sein Bewußtsein erweitern für die höheren Schwingungen, die mit ihm, dieser Erde und dem Kosmos verbunden sind. Diese höheren Schwingungen können sich in Form von Wesenheiten manifestieren, mit denen er Kontakt aufnehmen kann, die Botschaften für ihn haben, die ihn belehren über das Wissen, das ihnen zu eigen ist.

Der Mensch kann durch diese Lichtwesenheiten geschult werden.
Er kann geschult werden in seinem Wahrnehmungsvermögen. Er
kann auf diese Art und Weise Schwingungen des Lichts erhalten, die
ihm dabei helfen, diese Lichtebene auf der Erde zu manifestieren.

Die höheren Schwingungen können sich in Form von Orten
manifestieren, die von den Menschen aufgesucht werden können.
In diesen Orten, den Stätten des Lichts, kann der Mensch belehrt
werden in der jeweiligen Schwingung, die an dem Ort zu Hause ist.

Eine unendliche Vielfalt wartet darauf, von den Menschen entdeckt
zu werden.

In dem Maße wie der Mensch beginnt nach Innen zu gehen, in die
Welt des Lichts einzutauchen, wird sich seine äußere Welt verändern.
Er wird empfänglich werden für die Schwingungen des Lichts, die
sich in allem, was lebt, offenbaren können. Er wird entdecken, daß
die äußere Welt nur ein Spiegel seiner inneren Welt ist.
Und je stärker er das Licht in seiner inneren Welt erstrahlen läßt,
desto schöner und harmonischer wird seine Außenwelt werden.

Die Lichtebene, die der Mensch im Neuen Zeitalter entdecken
wird, ist die Ebene seines Herzens.
Jeder Mensch, der bereit ist, den Weg des Lichts zu gehen, ist
aufgerufen sich für sein Herzenslicht zu öffnen und in diese Welt des
Lichts einzutauchen.
Diese Schwingungsebene beinhaltet eine Reinheit und Klarheit, die
es ihm ermöglichen wird, seine Schöpferkraft frei und ungehindert
zu leben.

Im Einklang mit der Natur

Diese Lichtebene des Herzens beinhaltet das kosmische Prinzip der Heilung. Jeder Mensch, der in diese Ebene eingeht, wird geheilt werden und in ihm werden seine Heilungskräfte aktiviert. Auf daß er als ein Kanal der Heilung benutzt werden und den anderen Menschen dadurch dienen kann.

Die rosa-goldene Lichtstrahlung, die in dieser Ebene beheimatet ist, erlaubt es jedem Menschen sein wahres Selbst zu erkennen. Sie durchströmt ihn in allen Zellen seines Seins und befähigt ihn, seine Wahrnehmung zu erweitern.

Der Kontakt mit der geistigen Welt ist einfach für alle die Menschen, denen es möglich ist, in diese Schwingung zu gehen.

Die Schleier der Illusion werden sich lüften.
Der Mensch wird angeschlossen an das unendliche Wissen, an das ewige Sein. Er wird die Wirklichkeit erkennen, die hinter allen Erscheinungen steht. Alle Zweifel, die er jemals an sich, an seinem göttlichen Auftrag hatte, werden sich auflösen.

Wenn der Mensch in diese Schwingungsebene des reinen Herzens eintaucht, wird es ihm möglich sein, Welten des Lichts zu besuchen, die nicht von dieser Erde sind.
Es werden sich ihm Äonen von Lichtwelten offenbaren - jede einzelne in einer unbeschreiblichen Schönheit und Harmonie.
Er wird andere Formen des Lebens kennenlernen - Formen, die nicht an das Prinzip der Dualität gebunden sind.

Es wird ein Austausch stattfinden zwischen den Kindern des Lichts, die als Menschen auf dieser Erde leben und den Lichtwesenheiten, die auf anderen Planeten dieses Universums zu Hause sind. Dieser Austausch wird die Menschen bereichern in allen Aspekten ihres Seins.

Im Laufe des Neuen Zeitalters, das jetzt beginnt, werden die Menschen in der Lage sein, ihr wahres Selbst zu erkennen und zu leben und der Erde dabei zu helfen, ihre Schwingung zu erhöhen.

Die Morgenröte des Neuen Zeitalters ist schon sichtbar geworden für all die, die Augen haben, zu sehen.

Es gibt nichts, vor dem sich die Menschen fürchten müßten.

Die Liebe und das Licht, die auf diese Erde kommen werden, werden den Menschen helfen, sich selbst zu verwirklichen.
Sie werden ihnen helfen, sich von allen alten Strukturen und Verstrickungen zu lösen. So daß sie frei sind, ihren Weg als Kinder des Lichts zu gehen - im Einklang mit der Natur, im Einklang mit der Schöpfung, im Einklang mit dem Kosmos.

Alle Menschen, die bereit sind, sich für das Licht zu öffnen und ihren ureigenen Weg zu gehen, werden eine grenzenlose Freiheit erfahren.
Glücklich und voller Hingabe werden sie sich soweit reinigen, daß sie das Licht in einer reinen Form auf diese Erde bringen können.
Sie werden den Zustand des Einsseins erleben.

Zwischen den Menschen, die erwachen, werden Gemeinschaften entstehen, die auf der Erkenntnis beruhen, daß alle Menschen göttliche Wesen sind - durch die bedingungslose Liebe des Schöpfers geboren und verbunden im Licht, das immer war und immer sein wird.

Diese Gemeinschaften werden die Familienstrukturen, die zur Zeit noch auf der Erde sind, ablösen. Die Verbindungen innerhalb dieser Lichtgemeinschaften sind stärker als die Bindungen der physischen Familien, die auf der Erde existieren. Hier findet der Mensch seine wahre Heimat, seine Lichtgeschwister, um mit ihnen gemeinsam ihre Aufgabe zu erfüllen.

Diese Lichtgemeinschaften werden in Frieden und Harmonie zusammenleben.

Der Tagesablauf wird geprägt sein durch Zeiten der Stille und der Meditation. Jeder, der in eine dieser Lichtgemeinschaften hineinhört wird in der Lage sein, sein ureigenes Licht zu verwirklichen. Er wird in der Lage sein, Botschaften seines höheren Selbst zu empfangen und dadurch die Gemeinschaft zu bereichern.

Diese Gemeinschaften werden Stätten des Lichts und der Liebe sein. Sie werden im Einklang mit der Natur diese Erde bebauen und ernten. Sie werden die Lichtwesenheiten dieser Erde voller Demut und Dankbarkeit in ihren Aufgaben unterstützen und ihnen helfen, ihre Schwingung zu erhöhen.

Jeder, der in diesen Lichtgemeinschaften leben wird, wird seine Arbeit, seine Aufgabe voller Freude und Hingabe erfüllen, in dem Bewußtsein, daß er dadurch seinen göttlichen Auftrag verwirklicht.

Diese Lichtgemeinschaften werden viele der Ideen, die darauf warten, verwirklicht zu werden, auf diese Erde bringen.

Durch die geistige Kraft, die in den Mitgliedern der Lichtgemeinschaften wachgerufen wurde, sind sie in der Lage, diese Ideenwelt auf schnellstem Wege auf der Erde zu manifestieren. Die geistige Kraft und Klarheit sind so groß, daß die Ideen ohne Hindernisse verwirklicht werden können.

Jeder dieser Lichtfamilien, die in den Gemeinschaften zusammenleben, steht eine bestimmte Strahlung zur Verfügung, die sie benutzen können, um ihre Aufgabe zu erfüllen.
Diese Lichtstrahlung und die Lichtwesenheiten, die damit verbunden sind, werden ihnen dabei helfen, all das auf die Erde zu bringen, was ihnen in der Welt des Lichts zur Verfügung steht. Diese Lichtstrahlung ist von einer überirdischen Schönheit und Harmonie und beinhaltet jegliche Essenz, die der Schöpfer in seiner unendlichen Liebe und Güte für den Menschen dieser Erde geschaffen hat.

Je mehr die Kinder des Lichts gelernt haben, ihre geistige Kraft zu entfalten und im Einklang und in Harmonie mit den Gesetzen des Kosmos einzusetzen, um so mehr werden sie in der Lage sein, aus dieser Lichtstrahlung heraus all das zu manifestieren - auf direktem Wege - was sie für ihr tägliches Leben benötigen.

All das, was in vergangenen Zeiten als Wunder bezeichnet wurde, wird in der Zukunft des Neuen Zeitalters den Kindern des Lichts, die sich so weit gereinigt haben, daß sie die Welt des Lichts leben werden, möglich sein.

Die Freiheit des Menschen ist grenzenlos, wenn er sich dem göttlichen Willen unterwirft. Der Mensch, der erwacht, wird erkennen, daß sein Wille und der göttliche Wille eins sind.

Es gibt nichts, worum der Mensch kämpfen müßte.
Alles wird ihm geschenkt von der unendlichen Güte und Gnade von Vater und Mutter Gott.

Jeder, der bereit ist zu dienen, sollte nach Innen gehen und darum bitten, geführt zu werden. Er sollte darum bitten, daß das Licht, das ihm zu eigen ist, seinen Weg erleuchtet und ihn führt durch alle Dunkelheit, durch alles Chaos, das ihm auf diesem Weg begegnen wird.

In dem Maße wie sich der Mensch für die Welt des Lichts öffnet, wird er auf eine sanfte, liebevolle Art und Weise transformiert werden, so daß sich seine Schwingung erhöhen kann.

Jeder Mensch sollte sich vertrauensvoll an seine geistigen Führer richten und sie bitten, ihn zu belehren - Tag für Tag.
Auf daß er frei wird von seinen alten Begrenzungen und Strukturen.
Auf daß er die Welt des Lichts in ihrer strahlenden Schönheit erkennen und leben kann.
Auf daß sich seine Herzensblüte öffnet und ihren Duft und ihre Lieblichkeit verströmen kann.
Auf daß er in Harmonie und im Einklang mit den Lichtwesenheiten dieser Erde, mit dem Engelreich, mit der geistigen Hierarchie das Leben auf dieser Erde leben kann.

Die Kinder des Lichts werden geführt und behütet durch das Licht, das ihnen zu eigen ist.

Das Licht wird erstrahlen und alles erleuchten, womit die Kinder des Lichts in Berührung kommen.

Dieses Licht ist ihre Heimat, die immer war und immer sein wird. Hier erfahren sie die unendliche Geborgenheit, das Einssein mit ihrem Schöpfer.

Sie verschmelzen in Liebe und Glückseligkeit im Ozean des Lichts.

Sathya Sai Baba

Babaji

TEIL II

VORWORT

Mit dem zweiten Teil des Buches »Die Welt des Lichts« wird eine weitere Ebene der Welt des Lichts und des Wissens, das sie beinhaltet, freigegeben.

In diesem Buch werden Wege und Möglichkeiten aufgezeigt, die es jedem Einzelnen ermöglichen werden, seine Welt des Lichts zu entdecken und sie in seinem Leben zu manifestieren.
Es werden die verschiedenen Lichtebenen beschrieben, die dem Menschen erlaubt sind, sie zu entdecken und zu realisieren.

Durch das Lesen dieses Buches werden in dem Menschen die Schwingungen aktiviert, die er benötigt, um das zu verwirklichen, was der Schöpfer für ihn bereithält.

Die Lichtebenen, die dem Menschen zugänglich sind, sind vielfältig und strahlen in ihrer überirdischen Schönheit.

Ein Ziel dieses Buches ist es, dem Menschen einen Zugang in diese Lichtebenen zu verschaffen.
Auf daß er sich seiner wahren Bestimmung, der Manifestation des göttlichen Lichts, bewußt wird.

Möge das göttliche Licht und die bedingungslose Liebe, die in einem jeden Menschen wohnen, erstrahlen, seinen Geist erleuchten und die gesamte Schöpfung durchströmen.

KAPITEL 1

DIE WELT DER LICHTBRINGER

Um in die verschiedenen Lichtebenen der Welt des Lichts einzutauchen, bedarf es der Katalysatoren, die es dem Menschen ermöglichen, sich für die jeweilige Schwingungsebene zu öffnen.

So wie es notwendig ist, einem Computer das richtige Programm einzugeben, muß der Mensch für die jeweilige Schwingungsebene initiiert werden. Ohne eine solche Initiation ist es dem menschlichen Geist nicht möglich, die jeweiligen Schwingungen des Lichts zu erkennen und durch sein System zu realisieren. Diese Initiationen können auf viele verschiedene Arten und Weisen stattfinden.

Die Grundvoraussetzungen für all diese verschiedenen Arten und Weisen der Initiationen ist die Meditation, die jeder Mensch, der die Welt des Lichts realisieren will, Tag für Tag praktizieren muß. Durch die tägliche Übung der Meditation wird es dem Menschen möglich, seinen Verstand zu beruhigen und seinen Geist zu öffnen, um in die Welt des Lichts einzutauchen.

In der Meditation schwingt sich der Mensch ein in die unendliche Harmonie des Kosmos. Er verschmilzt mit dem Urton.
In der Tiefe der Stille wird er aller Erfahrungen, aller Erkenntnisse des unendlichen ewigen Seins gewahr werden.
In diesem Zustand des ewigen Seins öffnet sich der menschliche Geist wie eine kosmische Blüte dem strahlenden Urlicht, das ihn nährt und inspiriert.

Die Meditation ist der Schlüssel zur Selbstverwirklichung - zur Verwirklichung des göttlichen Seins.
Mit dem Erreichen des Zustands des ewigen Seins wird der meditierende Mensch in der Lage sein, die verschiedenen Lichtebenen, die ihm auf diese Art und Weise zugänglich werden, zu realisieren.

Die Bewußtseinserweiterung, die durch die tägliche Übung der Meditation erreicht wird, vollzieht sich langsam und in dem jeweiligen Rhythmus, der für den meditierenden Menschen angezeigt ist.
Viele geistige Helfer und Engelwesen stehen in der geistigen Welt bereit, um den meditierenden Menschen zu unterstützen und zu führen auf seinem Weg des Lichts.

In dem Maße wie sich der Mensch mehr und mehr der Meditation hingibt, wird sich sein Wahrnehmungsvermögen erweitern und es werden sich ihm Schwingungsebenen offenbaren, die er für sein tägliches Leben, für seine Arbeit nutzen kann.

Ein unvorstellbar großes Energiepotential wartet darauf, sich durch jeden Menschen, der in sich die Entscheidung getroffen hat, den Weg des Lichts zu gehen, zu manifestieren.

Die Menschen, die sich diesmal als Lichtbringer auf der Erde inkarniert haben, verspüren schon seit langem in sich die Aufforderung, sich täglich der Meditation hinzugeben. Ohne diese Übung der Meditation wird es ihnen nicht möglich sein, ihre Aufgaben als Lichtbringer zu erfüllen. Die Meditation ist die Quelle, die sie täglich speist, die es ihnen ermöglicht, im Einklang mit dem Kosmos einzutauchen in die Welt des Lichts, die sie inspiriert, die es ihnen ermöglicht, alle Teile ihres göttlichen Selbst zu entfalten und zum Ausdruck zu bringen.

Es ist an der Zeit, daß die Kinder des Lichts erwachen und sich ihrer Aufgabe als göttliches Licht bewußt werden.
Äonen von Zeit wurden sie geschult, so daß sie jetzt in der Lage sind, ihren göttlichen Auftrag in Harmonie und Vollendung zu erfüllen.

Die Sehnsucht nach ihrem ureigenen göttlichen Licht ist so groß und der Wunsch zu dienen ist in ihrem Herzen verinnerlicht, so daß es ihnen möglich ist, diese Erde und alles, was auf dieser Erde lebt, zu erleuchten und die Menschheit auf ihrem Weg der Bewußtwerdung zu führen.

Für die Menschen, die sich als Lichtbringer inkarniert haben, ist die geistige Welt in all ihren Dimensionen, in ihrer Vielfalt und Schönheit ihr eigentliches Zuhause.
Sie haben erkannt, daß ihr ureigenes Wesen Licht ist - das göttliche Licht, das ihnen von Vater-Mutter-Gott mitgegeben wurde.
Sie sind sich der Gesetzmäßigkeiten des Kosmos bewußt.
Und sie sind bereit, ihren Weg zu gehen.
Unabirrbar folgen sie ihrer inneren Bestimmung.

Welche Hindernisse sich auch immer auf ihrem Weg zeigen werden, ihre Verbindung mit der geistigen Welt und ihre Hingabe an das Eine Leben werden es ihnen ermöglichen, alle Hindernisse auf ihrem Weg zu überwinden.

Diese Inkarnationen des göttlichen Lichts und der Liebe sind sich bewußt, daß alles, was ihnen auf ihrem geistigen Weg begegnet, sie in ihrer Aufgabe unterstützen wird.

Durch die Übung der Meditation, die sie Tag für Tag praktizieren, erhalten sie die Kraft, durch alle Widrigkeiten des Lebens spielerisch und voller Freude hindurchzugehen.

Für sie existiert keine Trennung zwischen der physischen Welt dieser Erde und der Welt des Lichts.

Alles ist Eins.

Jeder Mensch, der sich selbst als göttliches Wesen, als eine Manifestation des göttlichen Lichts erkennt, wird sich seiner geistigen Helfer und seiner geistigen Führung bewußt werden.

Seine Wahrnehmung wird sich in dem Maße erweitern, daß er die Botschaften aus der geistigen Welt klar erkennen und in seinem Leben umsetzen wird.

Für jeden Menschen, der sich auf den Weg des Lichts begibt, ist es notwendig, daß er individuell geschult wird.

Diese Schulung kann in Verbindung mit seinem Geistführer geschehen, mit dem er auf direktem Wege in seiner Innenwelt in Kontakt treten kann.

Für die Menschen, die sich noch nicht so weit gereinigt haben, daß sich die Energieverbindung in ihrer Innenwelt realisiert, stehen andere Lichtbringer zur Verfügung, die ihnen dabei helfen werden, den Kontakt zu ihren Geistführern herzustellen.

Alle Menschen, die in sich den tiefen Wunsch verspüren, dem Einen Leben zu dienen und ihr Licht zu manifestieren, werden zu den Menschen geführt werden, die ihnen dabei helfen, die notwendigen Schritte zu tun.

Verschiedene Stufen der Initiation sind notwendig, bis der Mensch so weit erwacht ist, daß er die geistige Welt erkennt und für ihre Botschaften empfänglich wird.

Um ein Leben als ein Diener des Lichts zu führen, ist es zu allererst notwendig, daß der Mensch sein persönliches Leben ordnet und im Einklang mit den Gesetzen des Kosmos führt.

Neben der täglichen Übung der Meditation ist es notwendig, daß der Mensch Rituale der Reinigung vollzieht. Diese Rituale der Reinigung beziehen sich sowohl auf den physischen Körper, als auch auf die feineren Ebenen des Seins.

Für die Reinigung des physischen Körpers steht dem Menschen das Element Wasser zur Verfügung, das er dankbar für diesen Zweck benutzen sollte.

Für die Reinigung der feineren Ebenen des Seins stehen dem Menschen verschiedene Mantren zur Verfügung, die er täglich für mindestens dreißig Minuten praktizieren sollte.

Das älteste Mantra, das den Menschen für diesen Zweck zur Verfügung gestellt wurde, ist das GAYATHRI-Mantra.
Mit Hilfe dieses Mantras wird sich der Mensch soweit reinigen - auf allen Ebenen seines Seins, daß es ihm möglich wird, als Kanal für die bedingungslose Liebe und das göttliche Licht zu leben.

Besonders wirkungsvoll ist das GAYATHRI-Mantra, wenn es zur Zeit des Sonnenaufgangs und zur Zeit des Sonnenuntergangs gesungen wird.
Mit der Kraft des GAYATHRI-Mantras reinigt sich der Mensch von all dem, was im Laufe des Tages an Ungleichgewicht erlebt und manifestiert wurde.

Jeder, der sich dem GAYATHRI-Mantra in den Tiefen seines Seins hingibt, wird in sich eine unendliche Lichtfülle aktivieren, die ihm für alles zur Verfügung steht, dem er sich widmet.
Diese Lichtfülle wird es ihm ermöglichen, seinen Weg zu erkennen und voller Freude und Hingabe zu gehen.
Diese Lichtfülle wird es ihm ermöglichen, seine Lichtgeschwister zu erkennen und mit ihnen gemeinsam ihre Aufgabe zu erfüllen.
Diese Lichtfülle wird es ihm ermöglichen, andere Menschen zu führen auf deren Weg des Lichts.

Das GAYATHRI-Mantra beinhaltet den Schlüssel zur Selbstver-wirklichung. Seit Urbeginn der Schöpfung wird es praktiziert.

Neben dieser Reinigung ist es notwendig, daß der Mensch auf seinem Weg des Lichts seine Nahrung bewußt zubereitet und bewußt zu sich nimmt.

In der Auswahl der Nahrung sollte der Mensch darauf achten, daß die Schwingung dieser Nahrung mit seiner eigenen Schwingung harmonisiert.

Er sollte die Früchte dieser Erde in Dankbarkeit entgegennehmen und sie in Liebe und Hingabe zubereiten. Die Zubereitung der Nahrung sollte in dem Bewußtsein geschehen, daß er mit Hilfe dieser Nahrung sein göttliches Selbst nährt und seinem physischen Körper hilft, im Einklang und in Harmonie zu existieren.
Wenn die Zubereitung der Nahrung als ein Gottesdienst vollzogen wird, wird die Schwingung der Nahrung so weit erhöht, daß sich immer mehr Licht durch den physischen Körper ausdrücken kann.

In dem Maße wie sich das Bewußtsein des Menschen verfeinert, wird er immer weniger an physischer Nahrung zu sich nehmen müssen, um seinen Körper zu erhalten.
Ihm wird so viel Lichtenergie aus der geistigen Welt zur Verfügung stehen, daß sein physischer Körper nicht länger auf die Nahrung, die ihm Mutter Erde schenkt, angewiesen ist.

Doch auf dem Weg dahin, ist es notwendig, daß der Mensch die Schwingung der Nahrung, die er in sich aufnimmt, immer mehr verfeinert.

Neben der Ordnung, die jeder Mensch in sein persönliches Leben bringen sollte, ist es notwendig, daß der Mensch sich mit den Menschen zusammenfügt, die sich ebenfalls auf den Weg des Lichts begeben haben.
Durch die Gruppen, die entstehen werden, wird es den Kindern des Lichts möglich sein, sich gegenseitig zu helfen und zu unterstützen in ihrem Prozeß der Bewußtwerdung.
Durch das gemeinsame Beten und Meditieren in einer Gruppe ist es möglich, einen großen Teil des Lichts zu manifestieren, das dem Einzelnen, wenn er diese Art der Meditation für sich allein praktiziert, nicht möglich wäre.

Die Welt der Lichtbringer wird sich in dem Maße verändern wie sich die Lichtbringer mehr und mehr der Meditation hingeben und sich ihrer Aufgaben und Fähigkeiten bewußt werden.

So wie eine Blüte nach und nach ihre Blütenblätter entfaltet und sich dem Sonnenlichte entgegenstreckt, entfalten sich die verschiedenen Ebenen des menschlichen Seins.
Mit jedem neuen Schritt in die Welt des Lichts wird eine Ebene aktiviert, die dem Menschen zur Verfügung steht. In jeder neuen Ebene muß der Mensch lernen, mit den zugehörigen Schwingungen umzugehen. Er muß sich zurechtfinden in dieser Welt, die neu für ihn ist.

Jede dieser Ebenen beherbergt geistige Führer und Wesenheiten, mit denen der Mensch kommunizieren kann, sobald er Zugang zu diesen Ebenen gefunden hat. Diese Kommunikation kann auf verschiedene Arten stattfinden.

Der Mensch wird, sobald er zum ersten Mal in eine Ebene eintritt, von einem persönlichen Führer begleitet, der ihn in allem unterweist, was er in dieser Ebene zu lernen hat.

Je mehr sich der Mensch gereinigt hat, ist er in der Lage, sich durch Sprache, Bilder, Gedanken und durch den Austausch reiner Energie zu verständigen.

Die Ebenen, die den Lichtbringern zur Verfügung stehen, sind vielfältig. Jede einzelne in einer unbeschreiblichen Schönheit und Harmonie.

Immer neue Ebenen des Lichts werden sich den Lichtbringern offenbaren. Und es wird ihnen möglich sein, diese Ebenen des Lichts auf die Erde zu bringen. Es wird ihnen möglich sein, die verschiedenen Stätten des Lichts zu besuchen.

Diese Stätten des Lichts manifestieren sich in der geistigen Welt als Tempel, in die der erwachte Mensch eintreten kann.

Diese Tempel öffnen zu bestimmten Zeiten ihre Tore für die Menschen, die sich soweit gereinigt haben, Prüfungen bestanden haben und voller Demut bereit sind, ihre Aufgaben zu erfüllen.

Im Tempel des Wissens erhält der Mensch die Möglichkeit, sich anzuschließen an das unendliche, ewige Wissen, das immer war und immer sein wird.

Im Tempel des Lichts erhält der Mensch die Möglichkeit der universellen Schau. Alle Lichtebenen dieses Universums, jegliche Manifestation des göttlichen Lichts ist in diesem Tempel beheimatet und kann dort erfahren werden.

Dieser Tempel beinhaltet die Quelle allen Seins, in die der Mensch eintauchen kann und inspiriert und belebt wird. Hier wird er in der Lage sein, Visionen zu erschauen, die sein Leben und das Leben dieser Erde verändern werden.

Neben diesen beiden Tempeln existieren die verschiedensten Stätten des Lichts, die von den Lichtbringern aufgesucht werden können. Je weiter die Lichtbringer auf ihrem Weg voranschreiten, um so mehr werden sie von diesen Lichtstätten erfahren.
Und es wird ihnen erlaubt sein, diese Stätten aufzusuchen.

Jeder, der sich selbst als Lichtbringer erkannt hat, sollte sein bisheriges Leben hinter sich lassen.

Es ist an der Zeit, daß die Lichtbringer sich ihrer wahren Aufgabe erinnern, sich ihrer Fähigkeiten erinnern und bereit sind, sich weiterzuentwickeln.
Das Erwachen in der geistigen Welt wird ihr Leben in der physischen Welt verändern. Viele der Gewohnheiten, die sie in ihrer Persönlichkeit in diesem Leben angenommen haben, müssen von ihnen wieder abgelegt werden, damit sie die Lichtfülle, die ihnen zu eigen ist, manifestieren können.
Doch da sie erkannt haben, daß ihr ureigenes Wesen Licht ist, sind sie freudig zum Verzicht all dessen bereit, das sie darin behindert, ihr göttliches Selbst zu leben.

Es ist die Zeit der Wiedergeburt - der Wiedergeburt des unendlichen ewigen Seins.

Diese Wiedergeburt findet im Lichtherzen eines jeden Menschen statt, der erwacht ist.
Jeder, der sich für diese Wiedergeburt öffnet und durch den Prozeß der Läuterung gegangen ist, wird von seinen Lichtgeschwistern, den Engeln und seiner geistigen Führung, willkommen geheißen und in den Kreis der Diener des Lichts und der göttlichen Liebe aufgenommen werden.

Alle Herzenswünsche werden in Erfüllung gehen.
Jede Aufgabe wird vollendet werden.
Alles ist möglich für den erwachten Menschen.

Unendliche Liebe und Mitgefühl werden sein Wesen durchströmen.
Geistige Klarheit und Rechtschaffenheit werden seine ständigen Begleiter sein.
Eingebunden in den Tanz des Kosmos wird er durch das Leben gehen. Hingabe und Güte werden in seinem Herzen wohnen.
Die Göttliche Mutter wird ihn tragen und behüten auf seinem Weg des Lichts.

Gott ist Liebe.

KAPITEL 2

DIE BOTSCHAFT DES STERNENLICHTS

Im Laufe der Menschheitsgeschichte gab es immer wieder Inkarnationen des göttlichen Lichts und der Liebe, die den Menschen dabei halfen, ihr wahres Selbst zu entdecken und zu leben.

Die Entwicklungsgeschichte der Menschheit vollzieht sich in genau abgegrenzten Zyklen. In jeder einzelnen Periode lernen die Menschen sich weiter zu entwickeln, ihren Geist zu schulen und ihre Schwingung mehr und mehr zu verfeinern.

In besonderen Zeiten wird es durch die Gnade des liebenden Schöpfers den Inkarnationen des göttlichen Lichts und der Liebe erlaubt, auf diese Erde zu kommen und dabei der Menschheit in ihrem jeweiligen Entwicklungsschritt zur Seite zu stehen.

Diese Inkarnationen des göttlichen Lichts und der Liebe tauchen in den verschiedensten Epochen der Menschheit auf.

Im Laufe des Lebens nehmen sie Stellungen ein, in denen sie maßgeblich Einfluß nehmen können auf die Entwicklung einzelner Staaten, auf die Entwicklung einzelner Menschen.
Die Schwingungen, die sie durch ihren Körper auf der Erde manifestieren können, ermöglichen es den Menschen zu erwachen. Sie werden inspiriert. Neue Ideen manifestieren sich.

Viele der Menschen, die sich in diesen Epochen gemeinsam inkarniert haben, sind in der Lage ihr Bewußtsein zu erweitern und eine neue Qualität des Lichts zu leben.

Unter diesen Inkarnationen des göttlichen Lichts und der Liebe befindet sich die Familie des Sternenlichts. Die Mitglieder dieser Lichtfamilie inkarnieren sich seit Urbeginn der Schöpfung: immer wieder bereit, dem Wohlergehen der Menschheit und dem Einen Leben zu dienen.
Die Lichtschwingung dieser Familie des Sternenlichts ist von einer besondere Güte und erstrahlt in einem unbeschreiblichen Licht, das die Herzen der Menschen erleuchtet und berührt.

In der heutigen Zeit, in der die große Zeitenwende bevorsteht und die Strahlen der Morgenröte des Neuen Zeitalters schon sichtbar geworden sind, inkarnieren sich viele der Mitglieder der Familie des Sternenlichts erneut auf dieser Erde. Sie sind in der Lage, die Lichtqualität des Sternenlichts rein und ungehindert durch ihren physischen Körper auszustrahlen.
Dieses Sternenlicht beinhaltet die Fähigkeit, alle Schatten der Vergangenheit aufzulösen.

Jeder, der in Berührung mit diesem Sternenlicht kommt, wird in der Tiefe seiner Seele von diesem Licht angesprochen und er wird sich erinnern an sein ureigenes Licht.

In ihm wird seine Lichtschwingung aktiviert werden. Er wird Erkenntnisse über sich selbst, über die Beziehungen der Menschen untereinander, über diese Erde und über den Entwicklungsweg der Menschen erlangen.

Dieses Sternenlicht ist ein Geschenk des Schöpfers an die Menschheit, um es ihr zu ermöglichen, ihren Weg klar vor sich zu sehen. Um sich zu befreien aus ihren Verstrickungen der Vergangenheit. Durch dieses Sternenlicht wird jeder Einzelne sowie auch das Kollektiv im Bewußtsein erhellt und in seiner Schwingungsebene angehoben.

Die Familie des Sternenlichts wird wie ein gewaltiges Lichtheer auf dieser Erde erscheinen und ihr dabei helfen, sich zu reinigen und in eine höhere Entwicklungsstufe einzutreten.

Die Mitglieder der Familie des Sternenlichts wurden im Laufe ihrer Evolution geschult. Sie wurden in alle Geheimnisse der Schöpfung eingeweiht. Sie lernten die verschiedensten Universen kennen. Und aus jedem Universum, wurden sie bereichert an Wissen, Erfahrung und Verständnis für alles, was lebt.

In ihrem Ursprung göttlich fühlen sie sich verbunden mit dem Schicksal der Menschen. Ein unendliches Mitgefühl und eine unendliche Güte wohnen in ihrem Herzen und ermöglichen es ihnen, ihre Liebe auf die Menschheit und diese Erde auszuschütten.

Viele Mitglieder der Familie des Sternenlichts warten darauf, daß sie sich in der kommenden Zeit inkarnieren können.
Der Ruf nach Veränderung ist so laut und deutlich geworden und die Sehnsucht nach einer besseren Welt, der Welt des Lichts in den Menschenherzen so groß, daß es den Mitgliedern der Familie des Sternenlichts ermöglicht wird, den Menschen auf ihrem Weg zu helfen.

Das Sternenlicht beinhaltet eine kristallene Klarheit des Geistes.
Für alle diejenigen, die das Sternenlicht verwirklicht haben, gibt es keinerlei Begrenzungen.
Das Sternenlicht kann sowohl zur Heilung als auch zur Zerstörung verwandt werden. Zur Zerstörung aller alten Strukturen und Verhärtungen.
Die kristallene Klarheit des Sternenlichts erlaubt es den Menschen, sich zu befreien und sich zu erheben in die geistige Welt.

Diese kristallene Klarheit des Sternenlichts mag zunächst viele Menschen das Fürchten lehren. Doch wer sich einmal für dieses Sternenlicht in der Fülle seines Seins geöffnet hat, wird dankbar und voller Hingabe die Reinigung, die es mit sich bringt, annehmen und vollziehen.

Die Menschen können sich voller Vertrauen für die Lichtbringer des Sternenlichts öffnen, in der Gewißheit, daß sie in der rechten Art und Weise mit diesem Sternenlicht umgehen können.

Dieses Sternenlicht kann durch die verschiedenen Chakren des Menschen ausgestrahlt werden.

Doch am wirkungsvollsten ist es, wenn es durch das Herzchakra ausgestrahlt wird. Jedes Herz, das durch dieses Sternenlicht in seiner Tiefe berührt wird, wird in sich eine neue Ebene des Lichts entfalten und bereit sein, sich für die Schwingungen des Neuen Zeitalters zu öffnen.

Jeder, der in Berührung mit diesem Sternenlicht kommt, wird in seinen Lichtkräften und in seinen Energiekörpern belebt und erfrischt. Er verjüngt sich und entdeckt in sich all die wunderbaren Dinge, deren er sich als Kind bewußt war und die er seit langem vergessen hat.

Je mehr Lichtbringer des Sternenlichts sich auf dieser Erde inkarnieren können, desto mehr Menschen dürfen hoffen, daß sie den notwendigen Bewußtseinssprung vollziehen können.

Durch diese Lichtbringer werden die Menschen in der Lage sein, einen intensiveren Kontakt zu der Welt des Lichts herzustellen und zu den Inkarnationen des göttlichen Lichts, die als Außerirdische bezeichnet werden.

Durch diesen Kontakt werden neue Technologien auf diese Erde kommen, die es den Menschen erlauben, ein menschenwürdigeres Dasein zu führen.

Die Menschen müssen nur lernen, sich voller Demut für dieses Wissen zu öffnen. Und sich soweit in ihrem Herzen zu reinigen, daß sie für würdig befunden werden, dieses Wissen zu empfangen.

Das Sternenlicht wird sich auf dieser Erde manifestieren.

Es wird ein Lichtzentrum entstehen, wo jeder Mensch der dorthin geführt wird, sich in diese Strahlung hineinbegeben kann und die Reinigung und Inspiration erfahren wird, die er benötigt.

Das Sternenlicht ist eine Brücke ins Neue Zeitalter.
Und alle diejenigen, die in sich den Wunsch zur Vollendung verspüren, werden zu diesem Sternenlicht geführt werden.
Es beinhaltet die Qualität der Vollendung und der Harmonie.

Jeder, der sich voll und ganz diesem Sternenlicht hingeben kann, wird die Möglichkeit erhalten, sich aus seinem Regenbogenzyklus zu erheben.
Er erhält die Möglichkeit, sich aus allen noch vorhandenen Fesseln zu befreien und aufzusteigen, sich zu verklären in der Welt des Lichts.

Dieser Lichtbrennpunkt des Sternenlichts ist ein Geschenk des Schöpfers für die Menschen des Neuen Zeitalters. Nur wenige können sich zur Zeit vorstellen, was dieser Lichtbrennpunkt für die Entwicklung der Menschheit bedeuten wird.
Dieser Lichtbrennpunkt beinhaltet in sich die Fähigkeit, alle Dunkelheit, alles Negative, alle Strukturen, die nicht im Einklang mit dem Kosmos sind, in seinem innersten Kern zu absorbieren und umzuwandeln in strahlendes, leuchtendes Licht.

Alle Mitglieder der Familie des Sternenlichts, die sich im Neuen Zeitalter inkarnieren, tragen in sich die Aufgabe und den Wunsch, diesen Lichtbrennpunkt aufzubauen und mit Hilfe ihrer Lichtkörper zu manifestieren.

Das Leben auf dieser Erde wird sich damit völlig verändern.
Viele Schritte sind notwendig, bis dies geschehen kann.
Jeder Einzelne, der sich für sein ureigenes Licht öffnet und bereit ist zu dienen, trägt seinen Teil dazu bei.
Je mehr sich der Einzelne in seinem Schicksal vervollkommnet, um so mehr wird die Erde die Möglichkeit haben, sich zu erheben.

Das Sternenlicht strahlt kristallklar in einer Reinheit, die es bisher auf dieser Erde noch nicht gegeben hat.
Das Sternenlicht ist erhaben über alle Lichtebenen, die dem Regenbogenzyklus zugeordnet sind.
Sein Licht erstrahlt und funkelt. Und die Menschen, die dieses Licht wahrnehmen können, würden es als silbern oder golden schimmernd beschreiben.

Sobald dieses Sternenlicht verstärkt auf die Erde einströmen wird, wird die Menschheit kollektiv auf eine neue Bewußtseinsebene angehoben. Alle diejenigen, die sich bis dahin gereinigt haben und sich für die Schwingung des reinen Lichts geöffnet haben, werden in der Lage sein, diesen Schritt zu vollziehen.

Alles ist eins in dieser Schwingung des reinen Sternenlichts.

Doch bis die Menschheit in der Lage ist, dieses Sternenlicht zu empfangen, wird noch einiges an Zeit vergehen. Vieles an Umwandlung und Transformation wird stattfinden für jeden Einzelnen und für das Schicksal der Menschheit als Ganzes.

Die Reinigung des Herzens und die Entfaltung der unendlichen Liebeskraft, die in einem jeden Herzen wohnt, sind mit die wichtigsten Dinge, die der Mensch im Neuen Zeitalter zu erlernen hat.
Jeder Mensch, der sein Herz und sein Gemüt rein hält, wird immer empfänglicher werden für die Ebenen des Lichts.
Er kann sich vertrauensvoll seiner geistigen Führung hingeben, die es ihm ermöglichen wird, seine Schwingung behutsam zu erhöhen, so daß es für seinen physischen Körper ohne Schaden sein wird.

Jeder Mensch, der sich für diesen Weg des Lichts entscheidet, sollte sich nicht von den Schatten seiner Vergangenheit betrüben lassen. Alles, was er in vergangenen Zeiten und in der Gegenwart als Dunkles, Schweres erlebt und manifestiert hat, wird ans Licht gebracht.

Es gibt nichts, was der Mensch fürchten müßte.

Jeder sollte sich bewußt sein, daß durch die Erkenntnis der Fehler der Vergangenheit das Licht in ihm verstärkt wird.
Diese Reinigung ist notwendig, damit er voller Hingabe alle seine Fähigkeiten, im Einklang mit der Schöpfung gebrauchen kann.
Damit er bereit ist zum Zeitpunkt der unendlichen Lichtausschüttung. Damit er bereit ist, wenn der Ruf ertönt.
Damit er in der Lage ist, den anderen Menschen und seinen Lichtgeschwistern zu helfen.

In dem Maße, wie sich all seine Widerstände auflösen werden, nimmt seine Fähigkeit, das Licht rein und ungehindert durch seinen Körper hindurchströmen zu lassen, zu.

Alles, was zur Zeit auf dieser Erde im Kollektiv und für jeden Einzelnen geschieht, ist die Vorbereitung für die Geburt des neuen Menschen und der neuen Erde.

So wie sich jede werdende Mutter auf die Geburt ihres ersehnten Kindes vorbereiten muß, werden die Menschen sich vorbereiten für die Geburt ihres neuen Lichtkörpers.

Der Mensch sollte keine Anstrengung, keine Schmerzen scheuen, die diese Geburt mit sich bringt. In dem Wissen um die Glückseligkeit und die unendliche Freude, die diese Geburt mit sich bringt, wird er all das auf sich nehmen, was dazu notwendig ist.

Das Licht der grenzenlosen Freiheit wird in einem jeden Menschenherzen geboren werden. Es wird sich ausdehnen und wachsen und sein gesamtes Sein durchströmen.

Die grenzenlose Freiheit ist das Geschenk von Vater-Mutter-Gott an jedes Kind des Lichts, das erwacht ist und sich selbst als Eins mit dem Urlicht erkannt hat.

Die grenzenlose Freiheit wird ihm geschenkt, weil es gelernt hat, diese Freiheit nicht zu mißbrauchen.

Glückseligkeit und Mitgefühl sind seine Begleiter.
Strahlendes Licht erfüllt sein Herz und erfreut sich an allem, was lebt.

Möge der Segen von Vater und Mutter Gott die Herzen aller Kinder des Lichts erleuchten.

Möge Seine Liebe und Güte alle Kinder des Lichts behüten auf ihrem Weg des Lichts.

Möge der Mensch erwachen und sich öffnen für die Stille seines Herzens.

KAPITEL 3

DER WEG DER MITTE

Als die Erde in den Anfängen ihrer Entwicklung war, wurden von den Lichtwesenheiten, die die Entwicklung der Erde betreuen, Techniken und Methoden für die Menschen gegeben, die es ihnen ermöglichten, ihren Weg im Einklang mit dem Kosmos zu gehen. Diese Methoden beinhalten verschiedene Stufen der Bewußtseinserweiterung und Übungen, die es dem Menschen ermöglichen, in der Mitte seines Seins zu ruhen und aus dieser Mitte heraus zu handeln.

Alle diejenigen, die jetzt bereit sind, die Energien des Neuen Zeitalters zu verwirklichen, haben in ihrer Vergangenheit diese Schulungen, die als der Weg der Mitte bezeichnet werden, durchlaufen. Es ist jetzt an der Zeit, daß sie das Wissen und die Übungen, die notwendig sind, erneut abrufen.

Diese Übungen beinhalten wunderbare Anweisungen, so daß jeder, der sie praktiziert, in sich die Tiefe der Stille entdeckt und eine unendliche Ruhe und Frieden in sich verspürt.

In vergangenen Zeiten wurde der Mensch gelehrt, sich seines Haras bewußt zu werden. Das Hara, welches es dem Menschen ermöglicht, die Energien der Erde bewußt zu erleben und einzusetzen. Das Hara, welches es dem Menschen ermöglicht, seinen Körper so weit in seiner Schwingung zu verfeinern, vorzubereiten, daß er in der Lage ist, die höheren Schwingungen des Kosmos durch seine Chakren zu aktivieren und zu leben.

Nur wenn der Körper in dieser Art und Weise vorbereitet wird, ist er in der Lage, die höheren Schwingungen seines Seins zu leben.

Die Bewußtwerdung des Haras ist eines der Dinge, die der Mensch als Vorbereitung für das Neue Zeitalter lernen sollte.

Um dies zu erreichen, gibt es unter anderem verschiedene Körperübungen, die als Asanas bezeichnet werden. Durch das Praktizieren dieser Asanas wird der Mensch sich seines Körpers und seines Energiekörpers bewußt und wird in die Lage versetzt, den Energiefluß, der durch die Energiebahnen seines Körpers strömt, wahrzunehmen und zu steuern.

Neben diesen Körper-Asanas dient die tägliche Meditation der Stille, wie sie im Zen praktiziert wird dazu, diese höheren Schwingungen zu aktivieren und in dem Menschen den Nährboden zu bereiten, den er zur Vervollkommnung seines Weges benötigt.

Die Beobachtung des Atems in seinem Kommen und Gehen hilft dem Menschen sich seiner Mitte bewußt zu werden. Die Beobachtung des Atems in seinem sanften Ein- und Ausströmen hat eine beruhigende Wirkung auf alle Körper und Energieebenen des Menschen.

Durch diese Übung wird in ihm ein Zustand der Ruhe und des Friedens erreicht, der es ihm ermöglicht, Botschaften aus der geistigen Welt zu empfangen. Botschaften und Anweisungen seines höheren Selbst zu empfangen und in Harmonie und Ausgeglichenheit das Leben in dieser Welt zu erleben.

Die Ruhe und der innere Frieden erlauben es dem Menschen, die Dinge dieser Welt gelassen zu sehen und unbeirrt seine Aufgabe zu erkennen und zu erfüllen. Nur wer den inneren Frieden in sich verwirklicht hat, ist in der Lage, mit seinen Mitmenschen und dieser Erde in Einklang und Harmonie zu leben.
Die Ebene des Lichts, die den Menschen auf diesem Weg der Mitte zur Verfügung steht, beinhaltet ein unendliches Potential der Kraft und der Manifestation.

All das, was der Mensch auf seinen höheren Ebenen des Bewußtseins als Ideen empfängt, wird durch diese Ebene des Lichts auf die Erde gebracht und realisiert.

Durch das Ruhen des Menschen in seinem Hara ist der Mensch in der Lage, die Strukturen dieser Erde zu meistern und sich zu erheben.

Der Weg der Mitte beinhaltet eine Fülle von Lichterfahrungen.
Er beinhaltet die Erinnerung an alles, was war.
Hier schließt der Mensch Frieden mit seiner Vergangenheit und erntet die Früchte der Bewußtseinsarbeit und der Schulungen, denen er sich unterzogen hat.

Hier befindet sich die Basis für sein spirituelles Wachstum.
Hier ist die Quelle seines Reichtums und seines Erfolges.

Diese Ebene des Lichts korrespondiert mit dem zweiten und dritten
Energiezentrum, das dem Menschen für seinen physischen Körper
zur Verfügung steht. Diese beiden Energiezentren erstrahlen in
einem warmen orangenen und goldgelben Licht und lassen den
physischen Körper Wohlempfinden erfahren.
Als Vorbereitung für die Energie des Neuen Zeitalters ist es notwendig, daß der Mensch die Lichtenergie dieser Chakren integriert mit
allen Erfahrungen, die damit verbunden sind.

In dem Maße, wie der Mensch bereit ist, sich für diese Lichtenergien
in Liebe und Demut zu öffnen, werden alle schmerzhaften Erinne-
rungen, alle Erfahrungen des Mißklangs, alle Fehler der Vergangen-
heit bewußt erfahren und dadurch geheilt. Alle Schatten, die diese
Lichtebenen noch verdunkeln, erhalten so die Möglichkeit, sich im
Licht aufzulösen.
Dies ist die Grundvoraussetzung dafür, daß der Mensch sein
Herzenslicht entdecken und erstrahlen lassen kann.

Jeder Mensch, der in sich die Lichtebenen des zweiten und dritten
Chakras in ihrer Reinheit realisiert hat, erkennt, daß alles gut ist.
Er erkennt die Schönheit dieser Welt in sich und um sich herum in
allem, was lebt. Er erkennt, daß es nichts gibt, das er fürchten
müßte.

Alles ist Eins.

Möge der Frieden im Herzen eines jeden Menschen wohnen und ihn erfüllen.

Möge die unendliche Quelle der Kraft in einem jeden Menschen pulsieren.

Möge der Mensch seine Schöpferkraft anerkennen und ausüben.

Der Weg der Mitte beinhaltet ein Leben im Einklang mit den Naturkräften, dem Pflanzenreich, dem Tierreich und dem Mineralreich. Der Mensch wird geschult, so daß er durch seine Wahrnehmung mit den Pflanzen, Tieren und Mineralien kommunizieren kann.

Je mehr der Mensch die Lichtkräfte in sich aktiviert hat und seinen inneren Frieden gefunden hat, um so stärker werden die Lichtwesenheiten dieser Erde sich von ihm angezogen fühlen und ihm ihre Schätze und Weisheiten offenbaren.

Alles, was der Mensch sich vorstellen kann, kann er durch die Mitte seines Seins auf dieser Erde verwirklichen. Seine Mitte, in der er ruht, in der er von Kraft und Energie durchströmt ist, ist der Nährboden für die Entfaltung seiner Herzensmitte und für die Verwirklichung seiner geistigen Klarheit.

Seit Äonen wird dieser Weg der Mitte praktiziert.
Immer wieder leben in völliger Zurückgezogenheit die Meister, die diesen Weg verkörpern.

Seit Urzeiten werden die Menschen, die bereit sind, geschult, sich in die Mitte ihres Seins zu versenken und den Achtfachen Pfad der Erleuchtung zu beschreiten.

Die Zeit ist gekommen, wo es nicht länger notwendig ist, in stiller Abgeschiedenheit fernab dem Getriebe der Welt diesen Schulungsweg zu durchlaufen.

Mit Beginn des Neuen Zeitalters ist es jedem Menschen, der sich für den Weg des Lichts entschieden hat, möglich, seine ureigene Mitte zu finden, diesen alten Einweihungsweg zu beschreiten und gleichzeitig das Leben in der äußeren Welt mit all seinen Herausforderungen und seiner Schönheit und mit seinen Mitmenschen zu leben.

Es ist in der heutigen Zeit nicht länger notwendig, die alten Klöster und Einweihungsstätten aufzusuchen, um in diesen Weg eingeführt zu werden.

Jeder, der bereit ist, wird auf seine Art und Weise in seinem Innersten geschult werden.

Alle diejenigen, die in vergangenen Zeiten auf dem Weg der Mitte initiiert wurden, haben die Fähigkeit in sich, alles Wissen, alle Erfahrungen, die sie auf diesem Weg gesammelt haben, abzurufen und in ihr Leben zu integrieren. Wenn die Zeit reif ist, werden alle entsprechenden Speicher der Erinnerung freigegeben. Und mit dieser Erinnerung werden sich die zugehörigen Lichtebenen auf dieser Erde manifestieren: im Lichtkörper eines jeden Einzelnen und dieser Erde als Kollektiv.

Jeder, der diese Ebenen des Lichts in seinem Lichtkörper aktiviert hat, wird einen intensiveren Kontakt zur geistigen Welt erfahren.

Die Quelle seiner Inspiration, der Kreativität, wird in einem unermeßlichen Strom voller Leichtigkeit zu fließen beginnen und sein Leben in allen Aspekten des Seins bereichern.

Er wird in die Gesetzmäßigkeiten der Manifestation eingeführt werden. Er wird erkennen, welche Schritte notwendig sind, um die Ideen, die er auf dem Wege der Inspiration empfängt, auf dieser Erde zu manifestieren. Er wird die Stufen der Manifestation auf den verschiedenen Lichtebenen erfahren. Er wird eingewiesen in die Übungen, die notwendig sind.

Ein Teil dieser Übungen besteht darin, das menschliche Vorstellungsvermögen so weit zu schulen, daß sich die göttlichen Ideen in ihrer reinsten Form auf dieser Erde verwirklichen können.
Alles, was sich der Mensch in seinem Innersten vorstellen kann, beinhaltet die Fähigkeit, sich zu verwirklichen. Diese Fähigkeit ist um so stärker ausgeprägt, je klarer der Mensch sich eine Idee, ein Bild oder eine Situation visualisieren kann und je stärker diese Vorstellung mit einem Gefühl verbunden wird.

Es ist an der Zeit, daß die Menschen in ihrem Wahrnehmungsvermögen und ihrer Schöpferkraft geschult werden. Daß sie erkennen, daß sie ihre eigene Welt erschaffen. Daß sie wieder lernen, ihre intuitiven Fähigkeiten zu gebrauchen und zu erweitern.

Die fünf Sinne, mit deren Hilfe der Mensch die äußere Welt wahrnimmt, sind nur ein kleiner Bruchteil des Wahrnehmungsvermögens, das einem jeden Menschen zur Verfügung steht.

Der Mensch muß lernen, seine Abhängigkeit von der Wahrnehmung durch diese fünf Sinne loszulassen und sich für seine innere Wahrnehmungsfähigkeit zu öffnen.

Der Mensch hat sich im Laufe seiner Entwicklung so sehr auf die Wahrnehmung durch die fünf Sinne seines physischen Körpers konditioniert und ist abhängig geworden von den Gefühlen, die diese Sinne in ihm auslösen. Dadurch, daß all das, was er über diese fünf Sinne aufnehmen konnte, für seinen physischen Körper erlebbar, fühlbar, nachvollziehbar, greifbar, sichtbar wurde, hat er sich mit diesen fünf Sinnen mehr und mehr identifiziert und seine feineren Ebenen vergessen.

Die meisten Systeme in der äußeren Welt beruhen auf dieser Identifikation mit den physischen Sinnen des Menschen.

Doch zur Zeit sind viele Lichtwesen auf der Erde inkarniert, die die feineren Wahrnehmungsebenen in sich verwirklicht haben und die Menschheit lehren werden, sich für die Ebenen des Lichts zu öffnen und ihre feineren Sinne zu aktivieren.

Jeder, der in sich mit den feineren Ebenen seines Seins in Kontakt gekommen ist und von dem Nektar der Glückseligkeit gekostet hat, den die Welt des Lichts für ihn bereithält, wird sich voller Freude und Hingabe aus der Abhängigkeit seiner physischen Sinne erheben.

Unvergleichliche Freude und Glückseligkeit warten auf den erwachten Menschen.

Ozeane des Lichts und der Liebe warten darauf, von den Menschen entdeckt zu werden.

Myriaden von Lichtfunken des reinen Sternenlichts werden diese Erde und alles, was lebt, mit ihrem Licht erleuchten.

Die Manifestation des ureinen ewigen Lichts in seinen unendlichen Facetten, jede einzelne funkelnd in einer unbeschreiblichen Schönheit und einem überirdischen Glanz, wird auf dieser Erde Wirklichkeit werden.

Die Menschheit wird erwachen.

Sie wird geboren werden als strahlendes Licht der Vollkommenheit auf diesem Planeten Erde.

KAPITEL 4

DAS GOLDENE LICHT

Mit dem Eintreten der Menschheit in das Bewußtsein des Neuen Zeitalters wird eine Lichtebene für den Menschen geöffnet, in dessen Zentrum das goldene Licht der Erleuchtung, der Weisheit, des unendlichen Mitgefühls, der bedingungslosen Liebe erstrahlt.

Die Hüter der Schwelle leiten mit der Freigabe dieser Lichtebene ein neues Äon der Menschengeschichte ein.

In vergangenen Zeiten war es nur einigen wenigen Eingeweihten möglich, in diese Lichtebene einzutreten und das goldene Licht in ihren Lichtkörpern zu manifestieren. Mit Beginn des Neuen Zeitalters wird es für die gesamte Menschheit als Kollektiv möglich sein, in diese Lichtebene einzutauchen.

Diese neue Epoche wurde in alten Prophezeiungen als das Goldene Zeitalter beschrieben.

Mit ihm beginnt der Tausendjährige Frieden, in dem eine neue Menschheit in Harmonie und Glückseligkeit auf dieser Erde mit allen Geschöpfen dieser Erde leben wird.

Die Menschheit wird in der Lage sein, mit dem Sternenlicht zu kommunizieren und das stellare Bewußtsein zu entwickeln.

Zur Zeit sind alle die Seelen auf der Erde inkarniert, die auf eine lange Vergangenheit der Schulung und Bewußtseinsentwicklung zurückblicken können. Es inkarnieren sich mehr und mehr Lichtwesen, die auf dieses Neue Zeitalter gewartet haben, um den letzten Schritt zur Vervollkommnung ihres Seins zu vollziehen.

Eine lange Dauer der Erdenzeit mußten sie warten, bis die Erde und die Menschheit als Kollektiv sich in ihrer Schwingung so weit verfeinert und erhöht hatten, daß das Goldene Zeitalter geboren werden kann.

Eine lange Zeit der Vorbereitung war notwendig, um die Menschheit aus ihrem tausendjährigen Schlaf und Dämmerzustand langsam und behutsam zu erwecken. Vieles von dem, was die Menschen durch ihre Identifikation mit der Dunkelheit und den Mächten der Angst in sich und in dieser Welt erlebten und manifestierten, mußte in letzter Konsequenz erfahren werden.

Doch jetzt ist es an der Zeit, daß die Menschen sich wieder an ihr ureigenes Wesen des Lichts erinnern. Daß sie erkennen, daß sie eins sind mit dem Urlicht von Vater und Mutter Gott und daß sie lange Zeit vergessen haben, wer sie wirklich sind.

Das göttliche Bewußtsein kehrt wieder zurück in die Lichtherzen eines jeden Menschen. Mit der Morgenröte des Neuen Zeitalters wird sich der Mensch erinnern an das göttliche Wesen, das er ist. Er wird sich erinnern, daß er geboren wurde durch einen himmlischen Akt von Vater und Mutter Gott. Ausgestattet mit vollkommener Harmonie, seinem ureigenen, individuellen Licht, grenzenloser Liebesfähigkeit und mit dem Auftrag, seine göttliche Einzigartigkeit auf dieser Erde, in diesem Universum, zum Erblühen zu bringen.

Jeder Mensch, der in seinem Lichtherzen erwacht und sich selbst erkennt, wird diese Erde und all das, was sich auf dieser Erde manifestiert, auf den verschiedenen Lichtebenen bereichern.
Das göttliche Sein wird sich frei und ungehindert durch seine Persönlichkeit ausdrücken können. Jegliche Inspiration und Vorstellung wird sich auf schnellstem Wege manifestieren.

Die Kommunikation mit den Lichtwesenheiten dieser Erde und mit den Lichtwesenheiten des Kosmos, werden für den Menschen, der erwacht ist, eine Selbstverständlichkeit sein.
Alle Grenzen, die der Mensch heute noch in seiner Wahrnehmung erfährt, werden dann nicht mehr sein.

In dem Maße, wie der Mensch das goldene Licht seines Herzens realisiert, befindet er sich im Einklang mit dem gesamten Kosmos. Seine grenzenlose Liebesfähigkeit erlaubt es ihm, in alle Bereiche der Schöpfung vorzudringen, sie zu erforschen und sie mit seiner Licht- und Liebesschwingung zu bereichern.

Alles, was sich bisher noch im Verborgenen aufgehalten hat, wird sich dem menschlichen Geist offenbaren.

Das goldene Licht, das im Herzen eines jeden Menschen wohnt, durchströmt alle Hüllen, die das ureigene, strahlende Sein des Menschen umschließen.
Mit dem Erwecken des goldenen Lichts in seinem Herzen erwächst in dem Menschen die Fähigkeit, mit den verschiedensten Lichtebenen seines Seins und des Kosmos zu kommunizieren.
Alle Schleier der Illusion, die den Menschen bisher in ihrem Bann gehalten haben, werden von ihm abfallen - so wie die welken Blätter eines Baumes sanft und mühelos zur Erde sinken.

Der so erwachte Mensch wird die Welt mit anderen Augen sehen, mit den Augen der Liebe und der Erkenntnis.
Er wird in der Lage sein, die Wahrheit, die hinter allen Erscheinungen steht, zu erkennen. Er wird sich selbst erkennen in seinem innersten Wesen, welches Licht ist. Er wird in der Lage sein, seine Mitmenschen und alles, was lebt, mit seiner Liebe zu berühren und zu erwecken.

Das goldene Licht wird sich aus den Lichtherzen der Menschen ausbreiten. Je mehr Menschen in diesem Licht erwachen, um so klarer wird sich das goldene Licht in dem Lichtkörper dieser Erde manifestieren.

Alles, was bisher noch als dunkle Schatten das Licht dieser Erde verdunkelt, wird mit dem Erstrahlen des goldenen Lichts erlöst werden.

Die unendliche Liebesfähigkeit des Menschen wird es sein, die allen Geschöpfen dieser Erde Heilung und Segen zukommen läßt. In wunderbarer Harmonie und Glückseligkeit wird der erwachte Mensch sein Leben auf dieser Erde gestalten, wissend, daß sein ureigenes Wesen das göttliche Licht und die Liebe ist, welches der Schöpfer für ihn erschaffen hat.

Der erwachte Mensch wird sich erkennen und wiederfinden in der Gemeinschaft seiner Lichtgeschwister, in der Gemeinschaft aller Diener des Lichts. Er wird sich seines unvergänglichen Seins zu jeder Zeit, an jedem Ort bewußt sein. Diese Erkenntnis und tiefe Erfahrung wird die gesamte äußere Welt verändern.

Mit dem Erwecken des goldenen Lichts bereitet der Mensch den Tempel vor, durch den sich sein göttliches Selbst ausdrücken kann. Je strahlender das goldene Licht seinen physischen Körper und seine anderen Körper durchströmen wird, um so leichter kann sich die göttliche Energie durch ihn ausdrücken.

Mit dem Eintauchen in das goldene Licht hat der Mensch Zugang zu dem Lichtzentrum, in dem Vergangenheit, Gegenwart und Zukunft eins sind.
Er wird sich erinnern an alles, was er bisher gelebt und erfahren hat.
Er wird Visionen schauen über sein Schicksal und das Schicksal dieser Erde.

Möge das goldene Licht im Herzen eines jeden Menschen erstrahlen und diese Erde erleuchten.

Mit dem Erscheinen des goldenen Lichts wird der Heilige Geist
Einzug halten in das Wesen der Menschen.

Dieser Heilige Geist wird den Menschen inspirieren und ihn eine
Wachheit erleben lassen, die er bisher noch nicht kannte. Mit dem
Einströmen des Heiligen Geistes werden sich alle Beschränkungen,
die der Mensch sich durch seinen Verstand auferlegt hat, auflösen.
Jede Zelle des menschlichen Körpers wird von diesem Heiligen
Geist durchströmt und mit der Information, daß sie göttliches Licht
ist, neu belebt werden.

Auf diese Art und Weise wird dem Menschen ein neuer Körper
gegeben. Ein Körper, der die göttliche Schwingung in jeder Zelle,
in jedem Atom verwirklichen kann.

Möge die Menschheit erwachen und das goldene Zeitalter voller
Freude und Hingabe in der Tiefe ihres Herzens begrüßen.

Möge der Heilige Geist Einzug halten in die Gemüter aller Menschen.

Mögen Weisheit und Frieden in einem jeden Menschen und auf
dieser Erde Heimstatt nehmen.

KAPITEL 5

DER WEG DER VOLLENDUNG

Die Welt des Lichts offenbart sich jedem Lichtschüler auf den verschiedenen Stufen, die seiner geistigen Entwicklung entsprechen.

Jede Stufe wird von dem Lichtschüler als eine Einheit erlebt, als eine einzigartige Welt, die für die Dauer der Erfahrung sein Leben bestimmt. Eine unendliche Vielfalt steht für den Menschen bereit, um von ihm entdeckt und gelebt zu werden.

Jeder Lichtschüler, der den Weg der Vollendung beschritten hat, wird darin unterwiesen, die Einheit in der Vielfalt zu erkennen und sich nicht mit den verschiedenen Ebenen des Lichts zu identifizieren.
Der Weg der Vollendung beinhaltet die Erkenntnis, daß einem bestimmte Lichtebenen und die damit verbundenen Erfahrungen für einen bestimmten Zeitraum zugänglich werden.

Sobald ein Lichtschüler diese Erfahrung gemacht hat und das Licht der jeweiligen Ebene in sich aufgenommen und integriert hat, wird der Ruf ertönen, diese Lichtebene wieder zu verlassen. Es wird der Ruf ertönen, den nächsten Schritt zu tun und sich für eine neue Ebene des Lichts zu öffnen.
Der Mensch wird so geschult, sich nicht an jedwede Struktur zu binden.

Der Weg der Vollendung setzt voraus, daß der Lichtschüler bereit ist, alles hinter sich zu lassen, was er auf dem Weg der Vollendung nicht mehr benötigt. Er setzt voraus, daß der Mensch bereit ist, leer zu werden, um die Fülle des unendlichen Seins in Harmonie und Vollendung auszudrücken.

In vergangenen Zeiten waren viele Leben notwendig, Leben der Disziplin und Schulung, um den Weg der Vollendung zu beschreiten. Mit Beginn des Neuen Zeitalters erhält jeder Lichtschüler die Gelegenheit, sich für diesen Weg der Vollendung zu entscheiden. Und, wenn er sich den damit verbundenen Schulungen unterzieht, das Ziel zu erreichen.

Der Wunsch nach Vollendung muß in der Tiefe des Herzens gespürt werden und das gesamte Wesen eines Menschen durchdringen, ehe er in der Lage ist, diese Entscheidung zu treffen.
Jeder Lichtschüler, der in sich die Bereitschaft dazu verspürt, sollte sich bewußt werden, daß seine Lichtschwingung dadurch in einem Maße beschleunigt wird, die sein bisheriges Leben fundamental verändern wird.

Er muß sich bewußt werden, daß sich sein Körper, seine Wahrnehmung, seine Beziehungen und seine Verbindungen zur geistigen Welt in einem Maße verändern werden, das in ihm die Gefühle des Schwindels hervorrufen könnte.

Jeder Lichtschüler wird erfahren, wie sich seine Entwicklung in einem unvorstellbaren Maße beschleunigen wird, wenn er sich für den Weg der Vollendung entschieden hat.
Von dem Moment der Entscheidung an werden in ihm Kräfte aktiviert, die ihm dabei helfen, alle alten Schlacken und begrenzenden Strukturen aufzulösen.
Die Reinigungsphase, die mit Beginn des Neuen Zeitalters für diesen Planeten Erde begonnen hat, wird es jedem Lichtschüler erlauben, sich aus sämtlichen Strukturen seines jetzigen Lebens und aus seinen karmischen Strukturen zu erheben.
Eine Vielzahl geistiger Helfer und Engelwesen sind bereit, dem Menschen bei seinem Reinigungsprozeß zur Seite zu stehen.

Jeder Lichtschüler, der den Weg der Vollendung beschreiten will, wird Nacht für Nacht, wenn sein physischer Körper ruht, in die verschiedenen Lichtstätten, Tempel und Orte der Reinigung geführt.
Er wird in geistigen Übungen unterwiesen, die es ihm ermöglichen werden, sein göttliches Potential mehr zu entfalten. Diese Schulungen und Unterweisungen werden ihn in seinem täglichen Leben begleiten und ihn in seiner Arbeit, seinen Beziehungen und Begegnungen inspirieren.

Der Lichtschüler wird erfahren, wie sich ganz allmählich die Qualität seiner Meditation verändern wird.

Es werden sich ihm Tiefen offenbaren, er wird Erkenntnisse über die Welt des Lichts erlangen und er wird die Gewißheit erhalten, daß er sich in seinem jetzigen Leben aus dem Regenbogenzyklus erheben wird.

Alle Begrenzungen, von denen er bisher annahm, daß sie zu einem Leben auf dieser physischen Erde gehören, werden von ihm abfallen. Er wird unendliche Freiräume seines Selbst entdecken. Grenzenlos - eingebunden in das Spiel des Kosmos - wird er seine Aufgaben erfüllen, sich selbst wiederfinden in allem, was lebt.
Sich selbst erkennen im Ozean des Lichts.

Eine unendliche Liebesfähigkeit wird sein Leben in allen Aspekten bestimmen. Voller Dankbarkeit wird er sich seines physischen Körpers bewußt. Und er wird ihn als Instrument seines göttlichen Willens benutzen. Die strahlende Schönheit seines Lichtkörpers wird seinen physischen Körper erhellen und durchströmen.

Möge der Wunsch nach Vollendung im Herzen eines jeden Lichtschülers erwachen und sein gesamtes Sein erfüllen.

Möge die Menschheit eintauchen in die Ebene des Lichts, die auf dem Weg der Vollendung freigegeben werden.

Möge jeder Lichtschüler seinen Meister erkennen und sich ihm bedingungslos hingeben.

KAPITEL 6

E I N S S E I N

Die Welt wurde erschaffen in ihrer Vielzahl der Erscheinungsformen, die alle unterschiedliche Facetten des einen ewigen Seins sind.

So wie sich das Sonnenlicht in vielen verschiedenen Spektralfarben durch die Kristalle dieser Erde zeigt, offenbart sich das ureine urewige Licht der Urkraft in den Erscheinungsformen des Universums.

In einem stetigen, pulsierenden Strom werden neue Formen des göttlichen Lichts erschaffen und wieder aufgelöst.

Die menschliche Form zeichnet sich dadurch aus, daß sie in sich diese schöpferische Fähigkeit von Vater und Mutter Gott zu eigen hat.

Der Mensch als ein göttliches Licht ist eins mit der Urkraft, ist eins mit allem, was lebt.

Im Laufe seiner Bewußtseinsentwicklung wird der Mensch eine Stufe erreichen, wo er sich in allem erkennen wird.

Das Erleben des Einsseins offenbart sich dem Menschen in tiefer Meditation. Alle Techniken, die notwendig waren, um diese Tiefe der Stille zu erreichen, treten in dem Moment in den Hintergrund.

Es gibt nichts zu tun.

Die Erfahrung des Einsseins offenbart sich dem Menschen unerwartet und kann von einer solchen Heftigkeit sein, daß der Mensch glaubt, seinen Verstand zu verlieren.
So wie ein Mensch, der lange Zeit in der Dunkelheit verbracht hat, zum ersten Mal ins Licht kommt und dabei das Gefühl hat, diese Lichtfülle nicht ertragen zu können, kann es einem Menschen ergehen, wenn er zum ersten Mal das Einssein mit allem, was lebt, erfährt.

Eine lange Zeit der Schulung und Bewußtseinsentwicklung ist notwendig, um den Menschen innerlich auf dieses Erlebnis vorzubereiten. Der Mensch muß sich so weit gereinigt haben, daß er bereit ist, die Dualität, die an diese Erde gebunden ist, zu verlassen.
Diese Dualität, mit der sich die Persönlichkeit immer wieder identifiziert, ist einzig und allein in der Struktur dieser Erde begründet. Das ureigene Licht, das jedem Menschen zu eigen ist, befindet sich jenseits dieser Strukturen und ist erhaben über das Prinzip der Dualität.

In der Erfahrung des Einsseins lösen sich all diese Strukturen auf.

Der Mensch erkennt sich selbst in der gesamten Schöpfung.
Jegliche Trennung wird aufgehoben. Mit dieser Erfahrung breitet
sich grenzenlose Freiheit im Innern des Menschen aus.
Immer weiter dehnt sich das Bewußtsein des Menschen aus, dringt
in Bereiche vor, die ihm vorher verschlossen waren.
Alle Dimensionen des Seins offenbaren sich ihm in dem einen
Moment der göttlichen Stille.

Die Erfahrung des Einsseins verändert das Leben eines Menschen
auf fundamentale Weise. Er ist sich jederzeit seines unendlichen
ewigen Seins bewußt.
Er benutzt seinen Körper als ein Instrument des göttlichen Willens.
Auch wenn die Oberfläche seiner Persönlichkeit von Zeit zu Zeit
Schwankungen unterworfen ist, bleibt sein Innerstes unberührt.
Dieser Mensch ist in der Lage als ruhender Pol mitten im Getriebe
der äußeren Welt, sein Leben im Einklang mit den Gesetzen des
Kosmos zu führen.

Die Erfahrung des Einsseins hat zur Folge, daß er Informationen
von allem, was lebt, erhalten kann, da alles ein Teil seines ureigenen
Selbst ist.

Ein unendlicher Liebesstrom wird in durchströmen und die Kommunikation mit den verschiedenen Lichtebenen und den dazuge-
hörigen Wesenheiten erleichtern. Aufgrund seiner Liebesfähigkeit
wird sich ihm jede neue Dimension des Lichts öffnen, so wie sich
eine Blüte dem Sonnenlicht öffnet.

Diese Liebesfähigkeit ist der Schlüssel, der ihm alle noch verschlossenen Türen öffnen wird. Sanft und mühelos wird sich sein Zugang in die Welt des Lichts offenbaren.

In dem Maße wie sich sein Wahrnehmungsvermögen erweitern wird, wird er die Welt dieser Erde mit anderen Augen sehen. Er wird mit den verschiedenen Schwingungsebenen der Materie kommunizieren und das Licht entdecken, das sie beinhalten. Er wird in der Lage sein, mit seinem ureigenen Licht und seiner Liebe alles zu durchströmen und dadurch die Schwingung der Materie zu erhöhen.

Die Erfahrung des Einsseins wird für viele Lichtschüler, die den Weg der Vollendung beschritten haben, in diesem Neuen Zeitalter möglich werden.
Sobald ein Lichtschüler die Entscheidung getroffen hat, diesen Weg zu beschreiten, wird er von seiner geistigen Führung systematisch auf diese Erfahrung und die Erkenntnis des Einsseins vorbereitet.

Möge jeder Lichtschüler erkennen, welcher Weg vor ihm liegt.

Möge jeder Lichtschüler den Mut entwickeln, alles Alte hinter sich zu lassen.

Möge die Menschheit sich von den Strahlen der Morgenröte des Neuen Zeitalters berühren und erfüllen lassen.

Om Namah Shivaya

KAPITEL 7

ICH BIN

ICH BIN Weisheit und unendliche Güte von Vater-Mutter-Gott.
ICH BIN verströmende Liebe des ewigen Seins.
ICH BIN ewige Glückseligkeit.
ICH BIN die Quelle allen Seins.
ICH BIN die heilende Gegenwart, die alles umhüllt.
ICH BIN.

Mit diesen beiden Worten ICH BIN ist dem Menschen das
machtvollste Werkzeug gegeben, das er mit Hilfe seines Verstandes
benutzen kann.

Dieses ICH BIN beinhaltet die reine Schöpferkraft.
Alles, was durch diese beiden Worte ausgedrückt wird, wird sich
manifestieren. Durch das Aussprechen des ICH BIN wird augen-
blicklich die Manifestationsebene aktiviert.
Das ICH BIN ist verbunden mit der höchsten Schöpfungsebene,
die dem Menschen zur Verfügung steht.

Wird das ICH BIN wie ein Mantra rezitiert, schwingt sich der Mensch in seine göttliche Ebene ein.

Die Kraft des ICH BIN wurde bisher nur von wenigen Menschen entdeckt. Jedem Lichtschüler, der eine bestimmte Stufe in seiner Bewußtseinsentwicklung erreicht hat, wird dieses ICH BIN als Mantra gegeben, das ihn ständig begleitet.

Er hat die Aufgabe mit Hilfe dieses ICH BIN, sein Leben zu meistern. Um das reine ICH BIN in sich selbst zu entfalten, ist eine Voraussetzung, daß die eigenen Gedanken gemeistert werden. Der Lichtschüler muß in der Lage sein, alle seine Gedanken bewußt zu kontrollieren.
Um das reine ICH BIN zu entfalten, ist ein Schulungsweg notwendig, auf dem der Mensch lernt, bewußt die ICH BIN - Kraft einzusetzen.

Zu allererst muß der Mensch durch tägliche Übung dieses ICH BIN mit positiven und lichtvollen Aussagen verbinden.
Jeder Mensch sollte sich hüten, das ICH BIN mit begrenzenden Aussagen über sich selbst oder andere zu verbinden. Er sollte sich jederzeit bewußt sein, daß sich alles, was er in Verbindung mit dem ICH BIN ausspricht, manifestieren wird.

Auf diese Art und Weise wird der Mensch Meister seiner Gedanken und seines Verstandes werden.
Er wird in Kontakt kommen mit seinem Schöpferpotential und sich mehr und mehr erkennen als ein strahlendes Licht, als ein Abbild des Schöpfers.

Je weiter ein Lichtschüler auf diesem Weg voranschreitet, um so mehr Strukturen werden von ihm abfallen. Alle Hüllen, die sein wahres, ewiges Sein umschließen, wird er abstreifen und so zur Quelle seines Seins zurückfinden.
Er wird erfüllt sein von dem ICH BIN.
Er wird verschmelzen im Ozean des Lichts.
Er ist der Meister seines Schicksals.
Alles ist Eins. Zeit und Raum sind aufgehoben in diesem Zustand der Erleuchtung.

Die ICH BIN - Kraft ist das wunderbarste Geschenk, das der Schöpfer dem Menschen gegeben hat. Mit der ICH BIN - Kraft hat der Mensch die Möglichkeit, sein Leben zu verwandeln und zu bestimmen, was sich in seiner Welt manifestieren wird.

ICH BIN ist das gesprochene Wort, wodurch alles auf diese Erde kommt und sich das Erdenkleid sucht, das ihm bestimmt ist.

Durch die Rezitation des ICH BIN in seinem Inneren wird der Mensch in himmlische Sphären aufsteigen.
Er wird sein Herz erfreuen und sein Herz wird sich weiten für die allumfassende Liebe und die Glückseligkeit von Vater-Mutter-Gott.

Mit dem Gebrauch der ICH BIN - Kraft nimmt der Mensch die Verantwortung seiner innewohnenden göttlichen Schöpferkraft an. Es werden sich ihm auf diesem Wege die Mysterien der Manifestation offenbaren.

Je tiefer er sich auf sein ICH BIN einläßt, desto klarer wird er seinen Weg erkennen. Das ICH BIN wird ihm helfen sein Ziel, den vollkommenen Menschen, zu erreichen.

»ICH BIN der Weg, die Wahrheit und das Leben.«

Mit dieser Aussage wollte Jesus seine Jünger lehren, sich für den höchsten Weg, den Weg der Vollendung, zu öffnen.
Es ist jetzt an der Zeit, daß die Menschheit das Christusbewußtsein, das eins ist mit dem ICH BIN, entwickelt und damit ihre Kindschaft Gottes unter Beweis stellt.

Die Menschheit wird erwachen.

Jeder Einzelne ist aufgerufen, die notwendigen Schritte auf seinem Weg des Lichts zu tun. Die Entscheidung für diesen Weg des Lichts ist jedem Einzelnen überlassen. Je nachdem, wie seine Entscheidung ausfallen wird, wird sich sein Leben fundamental verändern. Der Weg, der einmal beschritten wird, muß in letzter Konsequenz angenommen werden.

Das reine ICH BIN ist das höchste Ziel, das der Mensch auf dieser Erde durch seinen physischen Körper erreichen kann. Durch dieses ICH BIN manifestiert der Mensch die höchste Schwingung in seinem Körper.

Die Lichtfülle, die durch dieses ICH BIN auf die Erde kommt, wird sein gesamtes Sein erfüllen und ihn das erfahren lassen, was als Erleuchtung beschrieben wurde.

Alle Wege des Lichts münden in diesem höchsten Ziel.

Möge die Menschheit erwachen und ihr höchstes Gut in Besitz nehmen.

Möge ein jeder das göttliche Licht strahlend und rein verkörpern.

Mögen sich die Augen der Weisheit öffnen und die Schöpfung in ihrem höchsten Sein erkennen.

Möge ein jeder die Stimme seines Herzens vernehmen und ihr folgen.

Möge sich das unendliche ewige Sein einem jeden Menschen offenbaren.

NACHWORT

Dieses Buch »Die Welt des Lichts« ist ein Geschenk aus der geistigen
Welt an alle Kinder des Lichts. Es ist ein Geschenk für all die, die
ihren ureigenen Weg des Lichts gefunden haben und für die, die
noch auf der Suche sind nach ihrem Zugang zur geistigen Welt.

Jeder, der sich in der Tiefe seines Herzens von den verschiedenen
Ebenen des Lichts, die in diesem Buch beschrieben wurden, angesprochen fühlt, wird die Möglichkeit erhalten, sich diese Lichtebenen durch intensive Arbeit an sich selbst zu erschließen.
Durch die Unterstützung aus der geistigen Welt und durch das
Licht, das im Neuen Zeitalter auf die Erde kommt, ist es in relativ
kurzer Zeit möglich, einen individuellen Zugang zur eigenen Geist-
führung, zu den Elementarwesenheiten, den Devas und den Engeln, die mit den Menschen zusammenarbeiten möchten, zu erlangen.

»Die Welt des Lichts« ist das Ergebnis der Erfahrungen der Autoren, die sie auf ihrem Weg des Lichts gemacht haben und die sie hiermit und mit ihrer Arbeit als Heilpraktiker in Bonn weitergeben, in der sie in persönlichen Beratungsgesprächen und Rückführungen denjenigen zur Verfügung stehen, die mit dem Wunsch zu ihnen kommen, ihren eigenen Zugang zur geistigen Welt und zu sich selbst zu finden und zu intensivieren.

Möge der Segen von Vater und Mutter und Gott die Herzen aller Menschen erleuchten.

Om Sai Ram

Bisher erschienene Bücher

Frank Eickermann und Barbara Reiter
Die Welt des Lichts,
144 Seiten, Festband, 24,80 DM, 1991

Frank und Mara Eickermann
Sterben mit Zuversicht,
68 Seiten, Broschur, 12,50 DM, 1991
Trance-Botschaften
80 Seiten, Broschur, 12,50 DM, 1991

Frank Eickermann und Stefan Reiter
Das Buch der Liebe
72 Seiten, Broschur, 12,50 DM, 1991

Academia Verlag · Sankt-Augustin
Postf. 1165 · 5205 Sankt Augustin 1
Telefon 02241/333349 · Fax 341528